DES

ÉLECTIONS PROCHAINES

PARIS. — IMP. SIMON RAÇON ET COMP., RUE D'ERFURTH, 1.

DES

ÉLECTIONS PROCHAINES

PAR

LE COMTE DE FALLOUX

DE L'ACADÉMIE FRANÇAISE

PARIS

CHARLES DOUNIOL, LIBRAIRE-ÉDITEUR

29, RUE DE TOURNON, 29

1869

DES

ÉLECTIONS PROCHAINES

Ni les partisans, ni les adversaires de la politique actuelle ne peuvent se méprendre sur la portée du verdict électoral qui sera prononcé d'ici à peu de mois. Le Corps législatif qui va se retirer aura vu le déclin du gouvernement personnel ; le Corps législatif qui va sortir du scrutin de 1869 devra presser le mouvement ascendant de la liberté et remettre sincèrement la France en possession d'elle-même.

Placée en face des plus grands problèmes de l'ordre social, éclairée par les fautes d'un passé récent, la législature nouvelle devra se prononcer sur des questions dont il n'est plus permis de se détourner, sous peine de tout compromettre. Elle devra se demander et nous apprendre si la France, désormais passée à l'état de démocratie, sera façonnée sur le modèle des sociétés, fort démocratiques, de l'Orient, vouée au bon plaisir de maîtres qui peuvent tour à tour être des hommes de génie, des rêveurs sans discernement comme sans conscience, de simples viveurs exploitant les richesses mises à la portée de leurs appétits ; ou bien si cette grande démocratie douée de tant de nobles aptitudes sera enfin franchement mise en possession des institutions libérales dont on lui parle sans cesse, mais dont on l'éloigne toujours. Ce ne sont ni les armées trop nombreuses, ni les trop nombreuses agglomérations d'ouvriers occupés à des travaux improductifs, qui préparent les peuples à l'amour et à la pratique de la liberté ; elles servent au contraire à fortifier le despotisme par la double menace du canon ou de l'anarchie.

Non-seulement la politique de la liberté et celle du despotisme se présenteront au choix de la nouvelle législature, mais nos futurs mandataires auront à se prononcer aussi sur la politique de la paix et sur la politique de la guerre ; ils auront à déclarer si notre pays peut demeurer sans alliance ou quelles seront ses alliances ; ils devront obtenir que l'on fasse sortir la direction de notre politique étrangère des nuages derrière lesquels on s'obstine à la dérober ; ils devront faire entendre que la France ne peut pas donner indéfiniment son sang et son or pour des fins inconnues, qu'elle désire savoir où on la mène et avoir le secret de la conduite incertaine et ténébreuse qui lui a déjà coûté si cher.

La responsabilité des députés dans six mois, c'est dès aujourd'hui la responsabilité des électeurs. Imprévoyantes, étourdies, passionnées, les élections produiront un Corps législatif sans inspiration propre et sans volonté ; fermement et vigilamment préparées, mûrement réfléchies en vue du péril et sous l'inspiration d'un patriotisme sérieux, les élections donneront à la France une assemblée maîtresse d'elle-même, courageuse, résolue, n'accordant rien à l'esprit factieux, parce que le patriotisme l'interdit ; accordant beaucoup à l'esprit d'indépendance, parce que le patriotisme le commande.

Il n'est donc pas trop tôt pour parler au suffrage universel de ses droits, de ses devoirs et des conditions dans lesquelles droits et devoirs peuvent, en se combinant, se fortifier réciproquement. Les piéges tendus seront nombreux ; on en aperçoit déjà plusieurs, mais les plus dangereux sont encore ceux que les partis se tendent à eux-mêmes. Tous ne seront pas faciles à éviter ; on peut du moins les signaler. Les principaux, ceux qui engendrent tous les autres, se nomment : l'abstention, la division, le défaut d'organisation. Ces trois points bien éclairés, reste encore à définir le but que l'on doit se proposer d'atteindre. Je voudrais aborder successivement ces difficultés diverses; je le ferai avec une entière franchise, car je le ferai, qu'on en soit bien convaincu, sans illusion personnelle et avec un parfait désintéressement. Si je ne me trompe pas dans les avertissements que j'ose adresser ici à mes amis, c'est à eux surtout que je voudrais en assurer le bénéfice.

L'ABSTENTION

—

I

Des efforts imprévus et singuliers ont été tentés récemment en faveur de l'abstention[1]. Elle est recommandée comme le moyen de conserver à la société une réserve et une élite destinées à préparer de meilleurs jours. Rien ne me paraît plus dangereux que ce conseil, si inopportunément renouvelé. Il avait été quelquefois donné ou suivi par des hommes dignes des plus grands égards, mais à titre de scrupule, non à titre de doctrine sociale ou de loi. Ils y voyaient en gémissant une prescription de l'honneur, non un calcul de l'habileté.

Tenez-vous à l'écart des orages et des vices de votre temps, nous

[1] *Univers* du 14 décembre 1868 et numéros suivants.

disent les docteurs d'aujourd'hui, afin de conserver intactes la simplicité des champs et les vertus de la vie privée.

S'ils entendent par là que les mœurs de la vie agricole et la pureté du foyer domestique forment l'une des bases essentielles de toute société régulière et forte, ils ne rencontreront point de contradicteur parmi nous; c'est, en effet, une vérité banale à laquelle Sully donnait, dès le seizième siècle, une expression devenue proverbiale, vérité que l'on a commencé à négliger au dix-septième siècle, que l'on a tout à fait abandonnée au dix-huitième, et vers laquelle nous ramènent enfin les cruelles leçons de la Révolution.

Mais c'est aussi pour refaire l'État qu'il importe de refaire la famille, et non pour les tenir séparés; c'est pour refaire des citoyens qu'il importe de refaire d'honnêtes gens et non pour livrer le sol aux uns et le gouvernement aux autres, comme si les intérêts de tous n'étaient pas absolument identiques. Si le laboureur n'est pas représenté dans l'État, il sera bientôt sacrifié par l'État ; si les honnêtes gens ne sont pas en majorité dans le gouvernement, le gouvernement prendra ombrage des honnêtes gens et ne tardera pas à les traiter en suspects. L'honnêteté est encore, grâce à Dieu, une telle force en elle-même, que personne ne consent à la ranger contre soi. Quand on ne peut pas se prévaloir du crédit qu'elle porte avec elle, on vise à l'opprimer partout. Craint-on de l'attaquer de front? On s'y prend obliquement; échoue-t-on près des hommes? On se retourne vers les enfants en viciant les sources de l'enseignement public. Ainsi donc, entrons ou rentrons dans la vie rurale, attachons-nous plus que jamais à l'honnêteté privée; mais que ce soit au profit de l'État comme au nôtre, pour la société aussi bien que pour l'individu. Autrement, après avoir livré notre pays et nous-mêmes à toutes les entreprises de la perversité et de la violence, nous tomberions dans l'abîme, un bluet à la boutonnière, un épi de blé à la main. Ce n'est pas en s'isolant des malheurs de son pays qu'on lui prouve son dévouement; ce n'est pas en se tenant à l'écart qu'on peut le servir. Toute vertu qui abdique les devoirs de citoyen n'est pas une vertu ou n'est que la moitié d'une vertu. Les monastères, même de l'ordre purement contemplatif, rendent du moins à leur patrie, par la prière, ce qu'ils ne lui offrent plus par le travail, et quand l'Église daigne accorder ses encouragements aux labeurs des hommes demeurés dans le monde, elle les félicite « d'avoir bien mérité, non-seulement de la société sacrée, mais de la société civile [1]. »

La thèse de l'abstention politique en l'honneur des vertus domestiques est, non-seulement condamnée par toutes les traditions chrétiennes, mais, en outre, elle pèche par sa base même, et si jamais elle recevait une application tant soit peu générale, elle démentirait rapidement toutes les promesses faites en son nom.

Aucune vertu privée ne se conserve ni sûrement ni longtemps au sein de l'oisiveté, et, de toutes les activités salutaires à l'homme, l'une des plus salutaires est assurément l'activité sociale. Vivre de bonne heure sous les yeux de ses concitoyens, prendre de bonne heure le sentiment et l'habitude de la responsabilité, s'élever graduellement de l'intérêt privé à l'intérêt public, agrandir son horizon et fortifier le devoir individuel par le devoir collectif, ce n'est pas là seulement une bonne école de politique, c'est aussi une bonne école de morale. La vie est difficile à conduire en tout temps et à tout âge, mais c'est surtout pendant la jeunesse qu'elle rencontre les difficul-

---

[1] Bref de S. S. Pie IX aux rédacteurs de *l'Union*. — *Union* 31 janvier 1869.

tés les plus délicates et les plus décisives. Vous qui parlez de la vie des champs comme d'une perpétuelle idylle, quel secret possédez-vous pour en bannir la passion, tout ce qu'elle suggère et tout ce qu'elle entraîne? Quel secret possédez-vous pour imposer aux ardeurs de vingt ans le patient courage de cheminer, sans se dérober, dans le cercle d'une vie monotone, comme le cheval dans un moulin ou le bœuf dans un sillon? Non, l'abstention n'est pas une bonne gardienne de la vie privée, parce que le désœuvrement, même relatif, n'est pas un bon auxiliaire de la vertu.

Les mêmes conseillers, il est vrai, nous ont dit : — A la vie pastorale, vous pouvez encore ajouter trois carrières, le sacerdoce, la magistrature et l'armée. — Si l'on veut bien nous concéder les carrières, pourquoi celles-là à l'exclusion de toutes les autres? Mais encore convient-il de ne pas oublier que, pour le sacerdoce, il faut une grâce spéciale de Dieu ; pour la magistrature, une grâce spéciale du souverain. Reste l'armée seule dont l'accès est ouvert à la bonne volonté de tous, et l'on a soin de nous dire à ce propos : *Combien un Lescure vous vaudrait mieux que dix Chateaubriand*[1] *!* Ne réclamons pas ici pour Chateaubriand ; il est traité comme Berryer, et nous reconnaissons là le culte du bon goût, de la reconnaissance et du respect. Mais alors, pourquoi invoquer Lescure? Où peut-on trouver une antithèse entre l'épée de la Vendée et la plume qui écrivit le *Génie du christianisme* et *les Martyrs*? A-t-on voulu provoquer à la guerre civile? Certainement non. A-t-on voulu faire passer un pernicieux conseil sous le prestige d'un souvenir chevaleresque? A-t-on découvert et va-t-on entreprendre de nous démontrer que les Vendéens étaient

[1] *Univers* du 14 janvier 1852 ; *id.*, du 14 décembre 1868.

dépourvus de conviction politique ? A-t-on voulu simplement indiquer sa préférence pour la force brutale et aveugle, celle qui obéit et frappe sans conscience, sans intelligence, sans fierté ? Alors qu'on ne touche ni à Lescure, ni à ses pareils ; qu'on s'interdise également d'invoquer aucun des glorieux noms chers à l'armée française, et qu'on se borne à chercher des types parmi les prétoriens du Bas-Empire ou parmi les mamelucks et les janissaires du Grand-Turc.

Mais ne nous attardons pas aux incidents de la polémique ; allons au cœur de la question et voyons ce que les abstentions politiques ont produit depuis quatre-vingts ans. Elles n'ont produit que des mécomptes, des regrets et des ruines.

On a souvent nommé l'abstention une émigration à l'intérieur. Rien ne me semble moins juste que cette comparaison. L'émigration, dernier reflet d'anciennes mœurs où toute querelle se vidait les armes à la main, où les huguenots en appelaient à l'Allemagne et à l'Angleterre, les catholiques à l'Italie et à l'Espagne, l'émigration ne fut pas une résolution passive, elle fut une résolution très-active et très-militante. On aurait bien étonné les trois princes de Condé et leurs valeureux compagnons si on leur avait appris qu'ils s'abstenaient. Mais enfin que fut l'émigration au point de vue politique ? Quelle part doit-on lui attribuer dans nos désastres ou dans notre salut ? Interrogiez-vous les émigrés après leur retour ? Aujourd'hui interrogez-vous leurs fils ? Même réponse : l'émigration fut une faute ; on avait voulu faire le vide dans le camp de la Révolution et on avait fait le vide dans le camp de la monarchie ; on avait privé Louis XVI de ses meilleurs défenseurs au 20 juin et au 10 août ; on avait préparé à 1814 ses difficultés les plus inextricables. Refaire aujourd'hui par l'abstention une émigration volontaire et factice, ce serait se plaire à créer de main d'homme les difficultés que la Providence avait daigné épargner à notre génération, ce serait affaiblir la résistance aux jours de lutte et préparer de cruels embarras aux jours de succès ; ce serait mériter encore le mot adressé aux *ultras* il y a cinquante ans : *Vous n'êtes qu'une poignée et vous travaillez à n'être plus qu'une pincée.*

Du reste, a-t-on bien pesé cette expression : faire le vide ? Qu'on veuille bien passer en revue, l'histoire à la main, tous les démentis qu'a subis cette présomptueuse métaphore. Assurément, si l'on a pu jamais arrêter la vie et la séve politiques dans une nation telle que la France, c'était en 90. L'ancienne société se retirait à l'heure où la société nouvelle n'existait pas encore ; tous les chefs de l'ordre militaire et de l'ordre civil appartenaient à la classe qui protestait soudainement par son absence. Soudainement aussi, il fallait donc improviser des généraux et des soldats, des administrateurs et même des commis. La fécondité de la France s'y refusa-t-elle ? De toutes parts des noms et des services nouveaux surgirent à côté des noms et des services anciens, et l'œil qui contemple ce spectacle au seul point de vue de la richesse intellectuelle de son pays, en est ébloui. Sous la Restauration, la même merveille se reproduit en sens inverse. Les royalistes vont être bien embarrassés sans nous, dirent dans leur première et commune irritation les révolutionnaires et les bonapartistes ; et aujourd'hui, rendre hommage au génie politique, financier, oratoire des hommes qu'on peut appeler exclusivement les hommes de la Restauration, est un simple lieu commun. En 1830, même épreuve, même résultat ; et si les quinze années du second empire n'ont rien ou presque rien produit qui leur appartînt en propre, c'est que le second empire a volontairement tari, par le silence forcé et par l'ostracisme, les principales sources du génie national. Mais, à peine a-t-il soulevé le poids qui pesait sur l'intelligence publique, que des symptômes de renaissance et de vitalité reparaissent. Il faut donc le proclamer bien haut, on ne fait pas plus le vide dans une nation en lui dérobant quelques-uns des services qui lui sont dus, qu'on ne fait le vide dans une prairie en arrachant quelques brins d'herbe, ou dans une forêt en coupant quelques rameaux. La végétation intellectuelle et politique de la France n'est à la discrétion de personne, pas plus à la merci des républicains qu'à la merci des royalistes. M. Quinet est aussi aveugle et aussi vain que M. de Calonne lorsqu'il dit que la Convention n'a ni exterminé, ni déraciné assez en grand. M. de Calonne n'a pas tué la liberté en établissant à Coblentz un quartier général contre la Révolution, parce que la liberté est de droit divin ; les conventionnels n'ont pas tué l'autorité, leurs disciples les plus avisés ou les plus féroces ne réussiront pas davantage, parce que l'autorité aussi est de droit divin. Ne songeons donc plus à nous proscrire les uns les autres, contentons-nous de nous contredire et de nous convaincre, ce sera encore assez de besogne.

Je ne touche pas à la question du serment, parce que ce n'est pas une véritable question pour le citoyen qui ne médite ni une révolte contre la loi, ni une conspiration contre le gouvernement. M. de Laboulie, de spirituelle mémoire, répondait à une offre de candidature : *Je ne suis pas arrêté par le serment, car je le tiens depuis quinze ans sans l'avoir prêté.* Tout me semble résumé dans ce peu de mots, et je continue à considérer librement l'abstention en elle-même.

II

Ce système, toujours funeste à ceux qui le pratiquent, ne profite qu'à ceux qu'il a pour but de combattre. Voyez la démocratie : que n'a-t-elle pas gagné, depuis quatre-vingts ans, à l'isolement volontaire des classes aristocratiques? L'avénement des classes moyennes ou populaires est dans la force logique des choses et dans le cours naturel des événements, par le progrès général de l'éducation et par le développement des aptitudes individuelles; mais cet avénement a été accéléré dans une incalculable proportion par l'émigration en 89, par l'abstention en 1830 et en 1852. La démocratie, par son mouvement naturel et légitime, pénétrait lentement dans les institutions, lentement aussi elle aurait opéré une graduelle et légitime alliance entre toutes les classes, au lieu d'une violente substitution des unes aux autres, si les hommes qui voulaient modérer ce mouvement n'avaient d'eux-mêmes cédé la place à leurs émules et s'ils n'avaient préféré une démission en masse à un équitable partage.

Les hommes sont portés à se plaindre de leurs contemporains, comme à se plaindre des maux dont ils souffrent, s'imaginant que ceux dont ils ne subissent pas l'atteinte sont plus faciles à supporter. On se figure que les abus et les calamités d'aujourd'hui sont de pire nature que les abus et les calamités d'autrefois. On s'y trompe souvent ; et, si un témoin des âges écoulés revenait parmi les vivants, il refuserait sans doute de s'unir à beaucoup de leurs imprécations. Nous croyons aujourd'hui, nous disons volontiers que la France est ingrate envers les hommes, envers les institutions du passé, et qu'il faut attendre dans la retraite que l'ingratitude ait fait place à plus de justice. Cette attente a duré longtemps, elle durerait encore si plusieurs hommes du passé n'avaient pris leur parti d'entrer en relation avec les hommes du présent, et d'essayer de les éclairer en leur parlant. Cette conduite n'a pas seulement été généreuse, elle a été utile : elle eût été plus utile encore si elle eût été plus générale. Nous sommes injustes et ingrats nous-mêmes quand nous attribuons à l'orgueil, à la colère ou à la servilité des classes populaires la préférence qu'elles accordent au parti vainqueur sur le parti vaincu, quand le vaincu leur prêche, même dans le langage le plus élevé, une protestation abstraite et une abnégation stoïque. De telles immolations n'ont été obtenues à aucune époque, dans aucun pays ; la France et notre siècle, je le dis avec fierté, ont donné dans ce genre les plus rares exemples de constance et de dévouement. Le drame qui, divers dans ses formes, innombrable dans ses épisodes, fécond en sacrifices, se perpétue encore aujourd'hui, après quatre-vingts ans de revers inouïs ; ce drame, ce poëme, cette histoire, sont sans pareil et sans égal dans les annales de la fidélité politique. Mais enfin les luttes les plus héroïques ne sont, aux yeux des masses, qu'exceptionnelles et passagères ; on ne peut leur demander de s'y associer indéfiniment et de sacrifier à un idéal lointain leur invincible besoin de progrès et l'ensemble de leurs destinées. Oui, un temps a été, temps souvent prospère, souvent glorieux, où les masses écoutaient, tantôt avec docilité, tantôt avec enthousiasme, la voix de l'aristocratie; mais c'est qu'alors l'aristocratie résumait en elle, avec la supériorité des lumières, les attributs et les forces du pouvoir, elle conduisait à la victoire, rendait la justice, civilisait et dotait les communes. Ce n'était pas seulement parce qu'un noble avait des ancêtres que les masses lui témoignaient déférence et gratitude, c'était parce qu'il avait contribué à grandir la patrie, à soutenir l'indépendance de la province, veillé sur les intérêts et sur les deniers publics. Mais séparer ces deux choses, mettre d'un côté un homme et un souvenir dépouillés de toute portion de la puissance publique; de l'autre côté tous les intérêts, tous les besoins, toutes les ressources; puis dire aux classes laborieuses : Vous partagerez indéfiniment la disgrâce et l'impuissance, vous repousserez indéfiniment la main qui dispose de votre fortune par la répartition des charges publiques, du sort de vos enfants par la conscription, du moindre de vos désirs par une centralisation sans précédent; proposer un tel défi au cœur humain, c'est le méconnaitre, non-seulement dans ses faiblesses, mais, il faut bien l'avouer, dans des aspirations irréprochables ; c'est se vouer d'avance à l'abandon ; s'en étonner ou s'en plaindre, c'est n'avoir jamais jeté un coup d'œil calme et impartial sur le mécanisme d'une société. Tant que la noblesse a eu la première part des charges publiques, elle a reçu le principal tribut des hommages ; dans la proportion où la noblesse s'est dérobée aux fardeaux, la faveur populaire s'est détachée d'elle. La prééminence honorifique, indépendamment de la prééminence effective des lumières ; les prérogatives et les priviléges, indépendamment des services corrélatifs, voilà ce qui a blessé Fénelon et quelques esprits clairvoyants dans le dix-septième siècle ; voilà ce qui a révolté presque tout le dix-huitième siècle, depuis Montesquieu jusqu'à Beaumarchais, depuis

2

Turgot jusqu'à Jean-Jacques ; voilà une irréalisable chimère ou une insoutenable prétention ; c'est cela qu'on condamne habituellement sous le nom d'ancien régime, c'est cela qu'on ne veut plus revoir sous aucun régime nouveau.

En tenant ce langage, je n'oublie cependant ni les révolutions qui nous ont frappés, ni les circonstances dans lesquelles le sentiment impérieux de l'honneur impose la retraite quand les autres voies de protestation sont épuisées ou fermées. Ce sentiment impérieux, je m'y suis soumis quand mon tour a été venu, et je ne m'en repens pas ; mais, tout en maintenant les droits de la délicatesse et de la répugnance, je constate que le résultat politique de notre conduite eût trompé nos vues si nous eussions poursuivi autre chose qu'une intime satisfaction. Ce qu'il faut se bien persuader, c'est que le sentiment de l'honneur, la fierté de la conscience, toujours supérieurs aux considérations de l'habileté, n'eussent pas été moins sauvegardés si, faisant une légitime distinction entre les séductions qui viennent du pouvoir et les mandats qu'on tient du pays, on eût fui les unes et recherché les autres. Cette distinction n'a rien de subtil, ni en principe ni en fait ; elle est aussi aisée à pratiquer qu'à comprendre, elle est aussi éloignée de l'indifférence envers la patrie que de la complaisance envers la fortune, elle trace une voie droite et large dans laquelle on n'est pas infailliblement couronné par le succès, mais dans laquelle on est toujours accompagné de l'estime publique.

Un homme a suivi cette ligne avec un éclat, avec un génie qui ont fait de son nom un drapeau et un programme ; avec une persévérance qui en a fait aussi le type achevé de l'honneur et de la fidélité. Ce sont ces longues années de parole publique en vertu d'un mandat populaire, qui ont composé ce personnage, unique en notre temps par la puissance politique et par la dignité morale, de qui on a pu dire, comme de Turenne : «Cet homme faisait honneur à l'homme. » Les contempteurs de Chateaubriand n'ont pas craint de formuler cet arrêt : «A la tribune et au barreau, il ne restera rien de M. Berryer, ou plutôt rien ne reste : c'est déjà fini [1]. »

On ne réfute pas cette singulière définition de l'éloquence, qui tendrait à professer qu'un grand orateur est un homme qui a ému et captivé un peuple durant un demi-siècle, sans savoir ce qu'il disait, ou sans avoir rien dit ! Ce qu'il importe d'établir, c'est que la vie de M. Berryer prenant en main les libertés politiques et les libertés religieuses, appuyé sur d'immuables convictions, a été un grand enseignement, un grand exemple et un incomparable succès. La France s'étonna d'abord de sa hardiesse, puis elle reconnut en lui le citoyen et le salua bientôt comme une gloire, une lumière, un guide. N'ayant pu en faire un homme de gouvernement, elle en fit un des joyaux de sa couronne et en même temps un homme d'État honoraire, plus consulté, mieux écouté que la plupart des ministres à portefeuille.

Au lendemain de 1830, M. Berryer s'était trouvé seul dans la Chambre des députés, la monarchie était tombée sur un déplorable malentendu. Le roi avait cru la France plus révolutionnaire qu'elle ne l'était ; la France avait cru la royauté plus incompatible qu'elle ne l'est et ne le fut jamais avec la liberté. M. Berryer se voua à dissiper cette double et fatale méprise. Bientôt on ne se contenta plus de l'applaudir : il entraîna la Chambre, il domina l'opinion.

La révolution de 1848 n'avait pas encore renversé l'œuvre de 1830,

---

[1] *Univers* du 24 novembre, du 13 décembre 1868 et numéros suivants.

elle n'avait pas encore averti et rapproché les défenseurs de l'ordre, que déjà des hommes de la gauche et du centre avaient, en maintes occasions, uni leurs efforts et leurs votes à ceux du chef de la droite et de ses amis. L'ascendant de M. Berryer avait triomphé de tant de préjugés et rayonnait si loin au delà de son propre parti, qu'il ne tint qu'à lui, au 24 février, d'être compris parmi les membres du gouvernement provisoire. Sans s'inscrire contre l'épreuve de la république, il ne consentit point à en partager la responsabilité ; il persista à repousser la solidarité avec tout gouvernement dépourvu, selon lui, des véritables conditions de la liberté et de l'autorité. Quand l'épreuve républicaine lui parut condamnée par le pays, personne ne fût plus prompt, plus ferme que lui à poser la question de la monarchie et à presser la réconciliation au sein de la maison royale. Il était arrivé à faire partager son vœu par l'élite des hommes d'État et par l'élite des représentants du suffrage universel. En vingt ans, il avait obtenu tout ce que le génie de la persuasion, tout ce que l'éloquence de la raison pouvaient obtenir. Nul homme politique ne porta jamais plus loin le succès d'une œuvre plus difficile, et son action ne s'est arrêtée que dans une sphère où l'histoire n'a pas encore ses franchises.

Au 2 décembre, il fut, pour ainsi dire, la pensée et la main de la résistance légale ; sous le second empire, il s'éloigna d'un Corps législatif sans tribune ; mais, dès que la liberté de discussion fut rendue, quoique avec beaucoup d'entraves, aux représentants du pays, il réclama son poste sans écouter ni les fatigues de l'âge, ni la douceur de jouir dans le repos d'une renommée et d'une autorité sans rivale.

Par quel secret M. Berryer a-t-il accompli tant de prodiges ? Nous

pouvons l'apprendre de l'un de ses plus illustres adversaires, digne
de lui rendre justice et qui l'a su faire. « Ce n'est pas seulement, dit
M. Guizot, par l'élévation et la souplesse de son esprit qu'il a si longtemps surmonté les insurmontables difficultés de son rôle... Il puise
à d'autres sources encore sa populaire puissance. Quoiqu'il ait vécu
en homme de parti, M. Berryer sent en patriote : il n'est étranger à
aucun des instincts, à aucune des émotions, à aucune des aspirations de son pays ; non-seulement il comprend, mais il partage les
joies et les tristesses nationales. Il a soutenu les droits et les traditions des temps anciens, et il est, autant que personne, homme des
temps actuels et attaché aux droits que les générations modernes
ont conquis[1]. »

Que ceux d'entre nous qui hésitent encore aujourd'hui réfléchis-
sent bien sur cette vie et sur cette mémoire, qu'ils comparent et
qu'ils se recueillent : ils n'hésiteront plus.

---

[1] *Mémoires de M. Guizot*, t. VII, page 28.

LA DIVISION

I.

En face de la centralisation administrative qui pèse sur la France, de cette machine puissante et minutieuse qui nous enlace et nous étreint de toutes parts, de cette combinaison la plus savante qu'ait jamais inventée et mise en œuvre le génie du despotisme, entreprendre d'arracher un verdict indépendant à des électeurs ainsi enlacés et dépendants, n'est pas un triomphe facile. Il y faut, non-seulement beaucoup d'énergie, mais aussi beaucoup d'abnégation. Si le courage, la bonne entente, la persévérance, font un instant défaut, toute chance de succès s'évanouit. On reste donc confondu d'étonnement quand on voit des écrivains faisant, à un degré ou à un titre quelconque, profession de sens ou d'expérience politique, devenir, à la veille des élections générales, des artisans de discorde et des distributeurs d'insultes. On ne sait point découvrir une excuse en voyant des hommes, tous d'accord pour se plaindre qu'une ou plusieurs libertés manquent à la défense de leurs propres principes, user du peu d'armes laissées encore entre leurs mains pour assurer d'avance le succès de cette même administration qu'ils. prétendent combattre, prêter aujourd'hui leur langage à l'opposition et demain leurs actes au gouvernement.

Soyons impitoyables sur l'orthodoxie, éclaircissons nos rangs, ne comptons et ne gardons que les purs, faisons échouer M. Dufaure et assurons le triomphe de M. Peyruc, disent les démocrates par excellence. Attaquons, disent certains catholiques transcendants, attaquons dans la mémoire de M. Berryer tous ses amis [1], attaquons dans M. de Montalembert presque tous les anciens champions de la cause religieuse, sans nous demander qui en profitera.

Ce thème inintelligent et ingrat n'était pas commode à formuler. Il a donc fallu prendre son tournant de loin ; il a fallu voiler de quelques nuages historiques ce qui eût blessé beaucoup de regards, et, avec autant d'ensemble que si l'on s'était concerté, on s'est fait réciproquement écho sur les origines du second empire. — Nous ne pouvons nous fier à ceux-ci ou à ceux-là, disent certains démocrates ; ils nous trahiraient encore, comme ils ont trahi la république ; ils se donnent aujourd'hui pour adversaires du despotisme, mais c'est parce qu'on ne les a pas admis à l'exercer pour leur propre compte ; ils tiennent un langage de mécontents qu'ils renieraient bien vite si on

[1] Voir à peu près tous les numéros de *l'Univers* de décembre 1868 et de janvier 1869

les laissait de nouveau s'approcher du pouvoir. — Nous ne pouvons nous fier à ces mêmes hommes combattus par les démocrates, combattus par les officieux, disent à leur tour ces catholiques dont la vie se passe à jeter des pierres qui ne tombent plus dans le jardin de personne, et que les passants ramassent pour les rejeter à l'Église. On nous accuse d'être en cela inconséquents avec nous-mêmes, infidèles à nos anciennes luttes. Ce sont nos anciens amis qui sont inconséquents et mobiles : tout le monde a souhaité l'empire, a voulu l'empire, a fondé l'empire. Les hommes que l'on nous reproche d'attaquer n'ont pas de conviction, ils n'ont qu'une tactique ; et nous, nous sommes trop rigides pour consentir à devenir habiles. — Puis, les uns et les autres ajoutent fièrement : Advienne que pourra ! Ce qui signifie : Adviennent dans trois mois la politique et les candidats officiels.

Voilà le double phénomène qui nous est montré depuis quelque temps. Je ne recherche ni ne juge les mobiles, mais j'ai le droit d'apprécier et de constater les faits, faits qui ne pourraient être différents si on avait conçu le dessein bien arrêté de contribuer, autant qu'on le peut, à l'échec de toute candidature libérale et à l'échec de toute candidature catholique.

Sans réfuter chapitre par chapitre les romans contemporains dont on juge à propos de faire la préface des élections, je voudrais cependant rappeler l'histoire sur quelques points essentiels. On verra bien ensuite les arguments qu'il en faut tirer.

Quels hommes ont attaqué, compromis et livré la république de 1848 ?

Quels sont les véritables parrains de l'empire ?

II

La république du 24 février, issue du droit de l'émeute, inaugu-
rée par un gouvernement provisoire, fut attaquée dès le 17 mars et
le 15 avril, par des républicains traitant de rétrogrades et de réac-
tionnaires MM. Ledru-Rollin, Crémieux, Marie, Garnier-Pagès et La-
martine. Par qui fut-elle défendue? Par le parti de l'ordre tout entier, courant aux armes pour soutenir ce qui avait été créé sans lui
et contre lui. Le droit de l'émeute, si peu respecté des émeutiers, fit
bientôt place à une assemblée fiévreusement, mais régulièrement
élue par le suffrage universel; c'était un second titre plus imposant
que le premier, et qu'eussent dû tenir pour sacré les promoteurs ex-
clusifs de la souveraineté nationale. L'Assemblée constituante, ouverte
le 4 mai, était envahie onze jours après, le 15. Par qui? Par de préten-
dus républicains. Par qui fut-elle défendue et sauvée? J'ai eu l'occasion de tracer une courte esquisse de la journée du 15 mai, en présence même de ceux qui y avaient pris part; ce n'est pas une ver-
sion appropriée aux polémiques d'aujourd'hui. Qu'on veuille bien
s'y reporter, et l'on verra de quels rangs étaient sortis les hommes
qui, ce jour-là encore, empêchèrent la république de sombrer dans
le sang et l'anarchie[1].

[1] Voir, dans la *Revue des Deux Mondes* du 1er février 1851, l'article intitulé : *les
Républicains et les Monarchistes.*

Passe pour le 15 mai, dira-t-on. Mais les ateliers nationaux et les journées de Juin ?

Il est fatigant de protester contre le parti pris et la mauvaise foi. J'ai donc laissé publier sans mot dire, depuis nombre d'années, l'insigne calomnie qui ne cesse point de répéter que la droite a sciemment, volontairement provoqué la guerre civile au mois de juin, pour en finir avec la république, et que c'est la dissolution des ateliers nationaux, obtenue par ma captieuse insistance, qui détermina l'insurrection. Or, la vérité, oubliée à peu près de tout le monde aujourd'hui, est celle-ci.

Les ateliers nationaux n'ont jamais été dissous par un vote de l'Assemblée, ni avant ni après l'insurrection.

La dissolution a été décrétée et exécutée dictatorialement, le 3 juillet, par le général Cavaignac et par un ministère composé de républicains de la veille, comme on disait alors : MM. Bethmont, Bastide, Carnot, Sénard, Goudchaux, Recurt et Tourret.

Quand le général Cavaignac vint, dans la séance du 3 juillet, annoncer cette mesure à l'Assemblée, il s'exprima en ces termes : « L'organisation des ateliers nationaux était, je dois le dire, au 25 juin dernier, une organisation formidable. La pensée qui avait présidé à cette organisation était bonne et pure ; mais, sans aucun doute, par la suite des temps, cette création était complétement détournée de l'intention qui y avait présidé, et, je le répète, l'organisation des ateliers nationaux était devenue formidable, elle était devenue menaçante pour la liberté.

« Cette vérité avait été reconnue avant mon arrivée au pouvoir, et j'ai été témoin des efforts qui ont été faits, efforts qui n'ont peut-être pas été assez appréciés, pour arriver à la dissolution pacifique de ces ateliers. C'est une vérité que je me fais un devoir de déclarer à cette tribune [1]. »

La dissolution des ateliers nationaux étant ainsi rendue à sa véritable date et à son véritable caractère, peut-on soutenir, du moins, que la lecture de mon rapport, volontairement inopportune, a donné le signal de l'insurrection ? Pas le moins du monde. « Il n'est pas un républicain qui, au début de l'Assemblée, ne fût impatient de la dissolution des ateliers nationaux. M. Pascal Duprat l'avait appuyée dans le comité du travail ; M. Considérant entrait dans la même sous-commission que moi. Le premier rapport que je lus avait été approuvé par lui. M. Trélat, ministre des travaux publics, fit afficher sur les murs de Paris un extrait de ce rapport, comme expression de la pensée même du gouvernement. L'Assemblée avait cru d'abord aux procédés transitoires. C'est en voyant grossir le péril dans des proportions qu'aucune prudence et qu'aucune force ne pourrait bientôt conjurer, en apprenant que les ateliers nationaux, ouverts en mars pour trente mille ouvriers dans la détresse, contenaient alors cent vingt mille mutins et que cinquante mille autres frappaient à la porte, c'est alors que l'Assemblée, se voyant à la merci de cette innombrable et mystérieuse armée, entendant de toutes parts les cris du commerce et de l'industrie, dont la ruine s'achevait par cette grève organisée, se sentit enfin gagnée par une impatience trop longuement provoquée [2]. »

La dissolution eût été prononcée avant le 23 juin, si je n'avais pas insisté au sein de la commission pour que cette mesure fût accompa-

----

[1] *Moniteur* du 4 juillet 1848.

[2] *Les Républicains et les Monarchistes.* (*Revue des Deux Mondes* du 1er février 1851.)

gnée d'une large allocation au budget, assurant le retour dans leurs départements d'une partie des ouvriers licenciés, et d'une sérieuse organisation de la prévoyance et de l'assistance publique. Ce plan, que j'avais mûrement étudié, souleva parmi les membres de la commission, non des objections de principes, loin de là, mais des hésitations à cause de son étendue même, et nous étions arrivés à la matinée du 23 juin sans avoir encore arrêté un parti définitif. Mais l'insurrection, qui se sentait menacée d'une désorganisation plus ou moins prochaine, avait résolu de ne pas l'attendre et de prendre la force publique au dépourvu. Dès le 22 juin, l'attaque s'annonça par un ultimatum porté à la commission exécutive qui siégeait alors au Luxembourg[1]. Le 23 juin au matin, des barricades se dressaient et le sang avait coulé. Quand je lus mon rapport à la tribune, sur un ordre exprès de l'Assemblée, il était trois heures de l'après-midi, et, si l'on relit celte séance dans le *Moniteur*, on y voit que, de une heure à trois heures, le président rendait compte, d'instant en instant, des progrès de l'insurrection.

Demandera-t-on maintenant pourquoi, dans la matinée du 23 juin, j'improvisai rapidement mon rapport et je l'apportai devant l'Assemblée? L'équité et le bon sens ont répondu d'avance : ce fut pour armer de toute la force morale qui résidait alors dans l'Assemblée les soldats, les gardes nationaux, les gardes mobiles, engagés déjà dans une lutte formidable. Ce fut aussi par un sentiment personnel dont je ne crois pas avoir lieu de rougir, et que je n'ai pas

---

[1] M. Taxile Delord, que l'on ne soupçonnera de complaisance ni envers la majorité de l'Assemblée, ni envers moi, donne sur cette journée du 22 juin et les circonstances qui la précédèrent de curieux détails. (*Histoire du second empire*, par M. Taxile Delord. Introduction, pages 91, 92, 93 et 94.)

craint d'avouer à la tribune, lorsque, plus tard, j'eus à répondre à des reproches immérités de M. Flocon. « Il est toujours extrèmement grave, disais-je, de parler de sang versé, de parler de fauteurs de la guerre civile, et surtout de faire porter la responsabilité sur la défense, au lieu de la faire porter sur l'attaque [1]. » Puis, j'analysais en ces termes le langage que j'avais tenu au sein de la commission : « J'ai dit à mes collègues : La guerre est engagée, la responsabilité n'appartient ni à vous ni à personne dans cette assemblée. Il y a quelque chose qui m'appartient à moi, c'est mon honneur, et voici comment je l'entends : si les ouvriers égarés qui nous attaquent sont vaincus demain, je ne consentirai jamais à porter contre eux une mesure que, dans leur égarement, ils regardent comme leur étant funeste ; quand ils seront vaincus, je ne viendrai pas, le lendemain de leur défaite, être le rapporteur de la résolution de la commission, je ne leur laisserai pas cette pensée, que j'ai attendu leur défaite pour proclamer ici ce que, depuis longtemps, vous croyez utile et nécessaire... Si les ouvriers sont vainqueurs, je ne les redoute pas le moins du monde ; je suis de la veille pour les ouvriers, je ne suis pas de la veille pour la république ; cela est certain, vous le savez bien ; je suis de la veille pour les ouvriers, je suis de la veille pour beaucoup d'œuvres populaires.

« Je suis de la veille pour beaucoup de sympathies et pour beaucoup de sentiments que les ouvriers connaissent...

« Si les ouvriers sont vainqueurs, et l'hypothèse pouvait bien être posée le vendredi, à l'heure où je parlais, si les ouvriers sont vainqueurs, je ne crains pas ma responsabilité ; je leur rendrai

[1] *Moniteur* du 25 mai 1849.

compte de ce que j'ai fait, je comparaîtrai au tribunal qui leur conviendra, comme un homme de la veille, comme leur ami, et je leur dirai, le lendemain de leur victoire, ce que je leur aurais dit la veille[1]. »

Le rôle de la majorité n'a donc point été le rôle de provocateur. Le mien s'est borné à refuser de me faire volontairement aveugle ou complice, et, l'heure de la lutte étant venue malgré nous, malgré nos efforts les plus sincères, à ne point décliner ma part de responsabilité. Cela était manifeste alors, cela était bien compris par notre meilleur juge, le peuple parisien, et j'en apporterai une dernière preuve, parce qu'en même temps elle marque bien tout le chemin qu'on nous a fait faire depuis. Aux élections pour l'Assemblée législative, Paris, qui avait alors 28 représentants, élut par 112,000 voix M. Odilon Barrot chef du cabinet dont je faisais partie, et je fus honoré moi-même de 98,000 suffrages, dans lesquels le faubourg Saint-Antoine comptait pour une bonne part[2].

Cette triste histoire des journées de Juin fut, malheureusement pour la république, l'histoire de son existence presque tout entière. L'extrême gauche qui se plaisait alors à parodier la Montagne, dont elle reprenait volontiers le nom, s'engageait témérairement dans des voies inconnues ; puis, ne sachant comment en sortir, elle réclamait le concours des hommes de la droite, quitte à leur imputer plus tard l'impopularité qu'il avait fallu braver pour réparer ses fautes. Un peu

---

[1] *Moniteur* du 25 mai 1849.

[2] Voici quelques-uns des noms et des chiffres qui me paraissent curieux à relire aujourd'hui. Le maréchal Bugeaud obtint 107,457 voix ; M. Marie, 106,912 ; Léon Faucher, 105,333 ; Thiers, 99,098 ; Molé, 95,852 ; Montalembert, 94,589. M. Billault, à qui l'on n'avait point encore pardonné son évolution vers la Montagne, ne réunit que 41,574 suffrages.

de modération et de bonne entente aurait suffi pour donner au pays la confiance qui seule rend les gouvernements durables. La France, fort surprise d'abord de se trouver en république, n'aurait pas mieux demandé que d'y rester, si elle avait trouvé dans cette forme de gouvernement le respect de ses mœurs, de ses traditions, de ses intérêts. Au lieu de comprendre cette situation si simple et cette prétention vraiment modeste, les nouveaux montagnards ne se complaisaient que dans des théories absolues, ayant invariablement pour objet la brusque métamorphose de la société française et de l'humanité régénérée. La France consentait volontiers à poursuivre sous le gouvernement républicain le cours de ses destinées; mais elle s'aperçut promptement que ce n'était pas de cela qu'il s'agissait, elle comprit parfaitement le sens et la portée des assauts livrés à la république depuis le 15 mars jusqu'aux néfastes journées de Juin, et, ne se sentant point d'humeur à servir passivement de matière à des expérimentations indéfinies, elle refusait de se laisser jeter comme le métal dans un creuset. Les adhésions de premier mouvement commencèrent à se retirer ou à se refroidir. Les républicains s'en apercevaient aussi, mais ils aimaient mieux croire à notre faute qu'à la leur, et ils nous accusaient de complots absurdes auxquels personne de nous n'avait jamais songé. M. Laurent, de l'Ardèche (plus tard bibliothécaire au Sénat), demandait une enquête contre les partis monarchiques. Le même esprit de dépit aveuglé imposa au gouvernement du général Cavaignac lui-même le projet de nommer des commissaires destinés à se rendre dans les départements pour redresser ou diriger de plus près l'esprit public. La majorité de l'Assemblée, voyant surgir tout à coup une sorte de pouvoir mal défini, parallèle et probablement hostile au sien, alarmée, non sans motif,

de cette évocation des anciens commissaires de la Convention, s'é-
mut. M. Baze interpella, séance tenante, le ministère. Je pris part à
cette discussion au nom de la droite. « J'ai demandé la parole, disais-je, lorsque j'ai entendu qu'on nous parlait encore de fonder la
république. J'ai cru, et je commencerai par cette explication afin
qu'elle écarte peut-être bien des interruptions qui pourraient animer
le débat plus que je ne le désire moi-même, mais cependant sans le
craindre ; je pensais que la république avait été fondée dans trois
circonstances solennelles qui permettaient au pays et à nous de
croire qu'elle était désormais solide, durable, et que nous y avions
tous loyalement et ouvertement contribué. (Marques d'approbation.)

« La république a été fondée ici le 4 mai, le jour où, en présence de
la population de Paris tout entière, à la face d'un soleil radieux
comme les cœurs et les visages, nous sommes venus tous ensemble,
sans exception, proclamer la république. (Très-bien ! Très-bien !)
Elle a été fondée le 15 mai, le jour où, de cette enceinte envahie,
nous sommes sortis pour aller chercher les factieux à l'Hôtel de Ville,
et je dis nous parce que j'en ai le droit. (Oui ! Oui !) La république a
été fondée le 23 juin, lorsque les départements sont arrivés ici en
foule, lorsque l'élite de toutes les opinions, de tous les partis, sont
venus nous apporter... quoi ? Des soutiens à l'émeute ? Quoi ? des op-
positions, des divisions, des récriminations, des argumentations ?
Non. (Très-bien ! Très-bien !) Non ; ils vous ont apporté leur sang, le
plus pur de leur sang et celui de leurs enfants. (Acclamations. —
Très-bien ! Très-bien [1] !) Si vous croyiez alors que nous avions au

----

[1] Tous les regards se tournèrent vers le vénérable comte de Saint-Georges, député
du Morbihan, dont le fils, combattant volontaire, avait été grièvement blessé aux
journées de juin.

cœur de ces pensées implacables et de ces sentiments stupides que rien n'apaise, que rien n'éclaire, il fallait le dire ce jour-là. (Rumeurs à gauche.) Il fallait dire : La république n'a pas besoin de vous pour se défendre. Ramenez vos enfants, ramenez vos gardes nationales. (Vives interruptions à gauche.)

« Le citoyen Cavaignac, *chef du pouvoir exécutif.* Est-ce que c'est vous qui les avez amenées?

« Un représentant. Elles n'étaient pas à vous.

« Le citoyen Flocon. C'est une insulte à la nation.

« Le citoyen de Falloux. Je serais bien étonné d'insulter la nation, car, précisément, je crois parler en son nom.

« Le chef du pouvoir exécutif. Pas plus que nous.

« Le citoyen de Falloux. Pas plus que vous, mais autant que vous.

« C'est précisément parce que nous sommes la nation et que nous avons versé ce sang avec la nation, que vous ne pouvez pas nous séparer d'elle, et ce que vous ne nous avez pas dit le 23 juin, au matin de la bataille, vous n'avez pas le droit de venir nous le dire au lendemain[1]. » (Très-bien! Très-bien!)

Le projet des commissaires fut abandonné devant la répulsion très-énergique de l'Assemblée, et les préoccupations publiques se tournèrent presque exclusivement vers le scrutin qui allait donner un président à la république. La population y porta en masse le nom de celui à qui elle attribuait alors l'intention de mettre un terme aux agitations populaires et aux utopies malsaines.

---

[1] *Moniteur* du 17 septembre 1848.

III

Au lieu de discerner l'avertissement donné le 10 décembre par le
suffrage universel, au lieu de comprendre la nécessité de rassurer le
pays sur l'avenir que lui préparait la république, au lieu de se rap-
procher franchement et ouvertement des hommes qui ne voulaient
voir tomber la France ni sous le joug de la démagogie ni sous celui
du despotisme, au lieu de faire ce qui leur était si visiblement conseillé par l'honneur et l'intérêt de leur cause, les montagnards usè-
rent leur activité dans des agitations stériles, dans des récriminations
aussi dénuées de fondement que d'opportunité, bientôt enfin dans de
nouvelles et folles conjurations.

A l'avénement du prince Louis Bonaparte, pour qui je n'avais pas
voté dans le scrutin de la présidence, je fus appelé au ministère de
l'instruction publique, à côté de MM. Odilon Barrot, de Malleville,
Passy, de Tracy, Buffet, Léon Faucher. Ce n'était assurément pas là
un cabinet de complaisants, et on lui accorda quelques mois de trêve.
Mais bientôt les pouvoirs de l'Assemblée constituante allaient expi-
rer, et des indices certains annonçaient que la droite serait considé-
rablement renforcée dans l'Assemblée législative. Les diverses révolutions européennes, filles ou sœurs de la révolution de Février,
avaient fait place au retour de l'ordre. La révolution romaine luttait
encore, mais elle était aux prises avec le drapeau de la France. La
Montagne se contenait moins que jamais et préparait, par des violences de tribune, les violences de la rue qu'elle voulait renouveler,
qu'elle renouvela en effet au 13 juin. M. Ledru-Rollin, son principal

orateur, avait porté à la tribune, contre le gouvernement et contre le général Changarnier, commandant de l'armée de Paris, ses habituelles accusations de complot. M. Odilon-Barrot les avait repoussées, et M. Ledru-Rollin, embarrassé par la vieille renommée libérale du président du conseil, avait essayé de partager le ministère en deux camps, exonérant l'un et laissant planer sur l'autre un doute qu'il ne me convenait pas de laisser subsister. Je le sommai de s'expliquer et il restreignit ses allégations aux personnes irresponsables dont M. le président de la république était entouré. Je pris acte de cet aveu. Je m'efforçai ensuite de faire réfléchir les montagnards sur l'entraînement auquel ils étaient près de céder. « Il y a quelque chose de bien insensé, disais-je, à venir se poser ici comme l'ami, le défenseur exclusif de la république, et, depuis huit jours, à diriger toutes ses forces et toutes ses passions dans le sens qui peut le plus la compromettre et la perdre. (A droite : Très-bien! Très-bien ! — Murmures à gauche.) . . . Il y a quelque chose de bien insensé à faire demander à tout le monde, depuis huit jours, si ceux qui ne veulent pas la république, à ce que l'on prétend, ne la rendent pas cent fois plus facile, cent fois plus acceptable que ceux qui prétendent l'aimer si exclusivement et si violemment. (Nouvelle approbation à droite.)

« . . . Ce qui est insensé, puisque vous parlez de folie, c'est de venir, au milieu des émotions générales qui agitent aujourd'hui les esprits, nous menacer d'un 10 août, de venir faire appel à l'histoire révolutionnaire. On vous a dit, l'honorable M. Barrot vous a dit : Vous citez mal l'histoire. Eh bien, moi, je dis que vous la citez trop ou trop peu ; vous êtes insensés, quand vous vous arrêtez à la date du 10 août ; il faut aller et en deçà et au delà. Si le 10 août menace quelqu'un, il vous menace, vous, monsieur Ledru-Rollin, autant que nous que vous attaquez. D'abord, le 10 août n'a pas été fait par le peuple, comme vous le dites ; puis, il a été suivi du 2 septembre, du 31 mai, du 10 thermidor ; il a été suivi enfin du 18 brumaire. (Très-bien ! Très-bien.)

« PLUSIEURS VOIX. Et de 1815.

« LE CITOYEN BRIVES. Et de 1815 ! (L'honorable membre étend horizontalement ses deux bras, ce geste excite l'hilarité.)

« LE CITOYEN MINISTRE DE L'INSTRUCTION PUBLIQUE. Et de 1815 aussi. Toutes ces dates se tiennent, et, puisque vous en appelez à notre mémoire, j'en appelle à la vôtre. Ce sont là les étapes logiques et inévitables des passions que vous évoquez sans cesse contre nous aujourd'hui, qui se tourneront contre vous demain. (Très-bien ! Très-bien !) Après Bailly, on a vu tomber Pétion ; après Pétion, on a vu tomber Barnave ; après Barnave, Danton ; après Danton, Robespierre ; puis, après cela, le despotisme est venu qui a fait taire toutes ces voix et qui a muselé tous ces tigres. (Vive approbation à droite. — Sensation prolongée. — Agitation à l'extrême gauche.)

« VOIX A DROITE. En voilà, de l'histoire !

« LE CITOYEN MINISTRE DE L'INSTRUCTION PUBLIQUE. Et puis, il y a une autre date que vous avez parfaitement le droit de me rappeler, et que je suis charmé de constater ici. Oui, après cela est venu 1814 et 1815 ; c'était l'inexorable logique, et, quand vous commettrez les mêmes excès, quand vous rentrerez dans la même voie, vous arriverez à la même date. (A droite : Très-bien ! Très-bien ! — Bruyantes réclamations à gauche.)

« (LE CITOYEN DE COURTAIS se lève et proteste vivement. Ses paroles se perdent dans le bruit.)

« Le citoyen ministre de l'instruction publique. Assurément vous ne pouvez pas être pris en traîtres, tant cela est écrit en caractères ineffaçables dans l'histoire et dans le cœur humain. Vous n'avez pas besoin que je vous en avertisse, mais si vous m'en voulez d'être avertis, vous avez tort. Quant à moi, je le crois, et c'est précisément de cela que je me prévaux ici ; type des hommes que vous accusez, je sers mieux ici la république que vous.

« (A droite : Oui ! Oui ! Très-bien ! Très-bien ! — Exclamations à gauche.)

« Le citoyen ministre de l'instruction publique. Je serai toujours à cette tribune sans embarras, sans hésitation, parce que j'y suis avec une conscience parfaitement droite et parfaitement limpide. (Rires ironiques à l'extrême gauche. — Assentiment à droite.)

« Voix a droite. Vous avez bien le droit de le dire.

« Le citoyen Gambon et plusieurs membres a l'extrême gauche. Dites : Parfaitement *blanche* ! (Agitation.)

« Le citoyen ministre de l'instruction publique. Je vous renvoie donc, comme des avertissements loyaux et utiles, ce que vous me jetez comme des menaces et comme des embarras[1]. »

M. Ledru-Rollin ne remonta point à la tribune pour me répondre, et ses amis, désertant comme lui le terrain de leur accusation, me harcelèrent durant toute la séance du lendemain sur des questions absolument étrangères au débat, mais que j'invite néanmoins tout lecteur curieux à relire dans le *Moniteur*, parce qu'il y retrouvera, dans leur primeur et aussi avec leur réfutation péremptoire, les reproches stéréotypés que l'on m'adresse de temps à autre, selon l'occasion, sur mes apologies de l'ancien régime, de l'inquisition et de

[1] *Moniteur* du 25 mai 1849.

la Saint-Barthélemy. Ces orageuses séances furent les dernières agitations de l'Assemblée constituante : l'Assemblée législative la remplaça immédiatement. La démission de M. Faucher amena un remaniement partiel qui fit entrer dans le ministère MM. de Tocqueville, Dufaure et Lanjuinais. Cette fois encore, la droite faisait preuve de désintéressement, et, au moment où ses forces étaient plus que doublées, elle appuyait chaleureusement une combinaison dans laquelle elle n'avait réclamé aucun accroissement d'influence.

Voilà quels furent l'attitude, les sentiments, la conduite de la droite dans cette première et principale phase de la période républicaine. Voyons maintenant quels furent son attitude, ses sentiments, sa conduite aux approches du coup d'État ; voyons si, après avoir perdu le droit de nous imputer le meurtre de la république, on serait plus fondé à nous ranger parmi les adorateurs du soleil levant déjà visible à l'horizon.

IV

L'Assemblée législative, comme l'Assemblée constituante, se trouva immédiatement en face d'une insurrection ; mais la journée du 13 juin fut plus grave par la perturbation qu'elle jeta dans les esprits que par le péril qu'elle fit courir à l'ordre public.

Lorsque le calme qui suivit la déconvenue des fauteurs de désordre le permit, l'Assemblée entama avec ardeur son œuvre législative. La réunion de la droite, qu'on nommait réunion de la rue de Rivoli, prit à ces travaux la part prépondérante que lui assuraient son importance numérique et l'autorité d'hommes tels que MM. Berryer, Ravez, d'Ambray, Benoist-d'Azy, Béchard, de Larcy, de Kerdrel, Sauvaire-

Barthélemy, Poujoulat, Nettement, de Vogüé, de Sèze, etc., etc. Leur initiative s'attacha de préférence aux mesures sérieusement libérales et largement décentralisatrices. MM. de Tinguy et de Laboulie firent adopter la loi qui avait pour but de rendre la dignité et la loyauté à la presse en exigeant la signature des écrivains ; M. de Vatimesnil fut le rapporteur et le promoteur le plus ardent d'une loi municipale qui rendait toutes leurs franchises à nos communes ; M. de Riancey fut le rapporteur d'une enquête sur la liberté commerciale ; une enquête sur l'état de l'enseignement en Algérie était due à M. de Rességuier ; M. de Melun, initié aux besoins des classes ouvrières par un rare dévouement et de longues études, fut le principal auteur de la loi sur les logements insalubres, sur la protection des enfants dans les manufactures, et il avait saisi d'une vaste enquête sur l'assistance publique une commission dont M. Molé fut le président et M. Thiers le rapporteur. Tous s'unirent chaleureusement au vote de la loi du 20 mars 1850, qui améliorait le sort des instituteurs primaires, fondait la liberté de l'enseignement secondaire et préparait la liberté de l'enseignement supérieur. Mais, à côté de cet exercice laborieux et régulier de la prérogative parlementaire, s'élevèrent bientôt des questions de toute autre nature.

Quelques amis personnels du prince président de la république travaillaient ouvertement à remettre entre ses mains un pouvoir plus étendu, ou même le sceptre impérial. Ce nouveau parti passait des revues, créait des journaux et recrutait des adhérents dans une fraction de la majorité qu'on nommait réunion de la rue des Pyramides. En face de cette prétention avouée, quelques journaux songèrent à lui opposer la candidature d'un prince de la maison d'Orléans.

Enfin, de toutes parts, soit par de nombreuses pétitions, soit par le vote presque unanime des conseils généraux, le pays nous criait : Hâtez-vous, comme vous en avez le droit, d'appeler une nouvelle Assemblée chargée de reviser la constitution, et ne nous laissez pas tomber, imprévoyants et désarmés, dans le gouffre béant de 1852.

La majorité de l'Assemblée comprit donc qu'elle allait entrer dans une crise décisive, et la rue de Rivoli délibéra longuement, quand l'heure en fut venue, sur cette question de la révision qu'elle n'avait ni provoquée ni posée. Elle décida, avant tout, qu'elle ne se prêterait à aucune transformation illégale de la constitution républicaine ; elle se prononça pour la révision, mais la révision totale, sans dissimuler que, si l'on voulait revenir à la monarchie, elle entendait que ce fût avec la maison de Bourbon tout entière et le gouvernement représentatif. Nos portes n'étaient pas si bien closes que ces débats préliminaires ne fussent parfaitement connus du public. C'était l'entretien fort animé des couloirs de la Chambre, et le dialogue suivant était, pour ainsi dire, en permanence dans les divers groupes de représentants : — Vous allez trop vite, disaient les partisans de la candidature du prince de Joinville aux membres de la réunion de Rivoli, il faut une transition entre la république et la monarchie, et celle que nous vous offrons est la meilleure. — Pourquoi songer au prince de Joinville ? disaient les partisans de l'Élysée. Pourquoi chercher un nouveau président ? Ne vaut-il pas mieux s'en tenir à celui qu'on a, en augmentant son autorité, au lieu de la lui contester ? — Nos débats mêmes, répondaient les membres de la rue de Rivoli aux partisans du prince de Joinville et à ceux du prince Louis Bonaparte, ne prouvent qu'une chose : c'est que le pays ne veut plus de la république. Dès lors, pourquoi nous arrêter à moitié chemin? Par l'élection du prince de Joinville, vous compromettez la maison de Bourbon ; par la réélection du prince Louis Bonaparte, qui ne peut plus être légale, vous compromettez la liberté. Sincèrement monarchiques, sincèrement libéraux, n'admettons que deux solutions au problème que le pays nous pose : ou le maintien de la république, ou le rétablissement de la monarchie avec les solides garanties qu'elle seule peut nous apporter. — Vous commettez une égale imprudence en laissant agiter parmi nous de pareilles éventualités, et vous ouvrez vous-mêmes la porte à des entreprises que nous devons conjurer avant tout, disaient quelques membres éminents de la majorité qui n'appartenaient strictement à aucune réunion particulière, mais qui les dominaient toutes par leur ascendant personnel, M. Thiers, le général Changarnier et quelques-uns de leurs amis à qui s'adjoignaient M. de Saint-Priest et M. Nettement. — Il ne dépend pas de nous d'arrêter ce mouvement, répliquait-on, et, dans l'état actuel des esprits, nous rendrions le coup d'État plus facile en repoussant la révision qu'en l'adoptant franchement.

Voilà quels sentiments, quelles idées, quelles prévisions, étaient publiquement impliqués dans ces mots : Rejet de la révision, révision partielle, révision totale.

Les historiens du 2 décembre, à quelque parti qu'ils appartiennent, sont unanimes aujourd'hui à faire remonter jusqu'à cette date les préparatifs du coup d'État. C'est alors que l'ami le plus dévoué du président, jetant les yeux sur le modeste appartement du général Changarnier, lui disait : « Vous êtes bien grand pour un si petit cadre, » et que le général répondait en souriant : « C'est que j'ai besoin d'un petit cadre pour paraître grand[1]. »

[1] *Histoire du second empire*, par M. Taxile Delord, t. I, p. 278.

Aussi, quand on suppose et quand on raconte que des pourparlers pouvaient s'entamer, que des situations nouvelles pouvaient être prises ou sollicitées à la veille du 2 décembre, on est à mille lieues de la vérité : toutes les réflexions avaient été faites, toutes les séductions mises en jeu, toutes les situations tranchées à partir du jour où la révision de la constitution fut impérieusement réclamée par l'opinion publique. Des conversations sur ces différents sujets, j'en ai eu, chacun de nous en a eu, non pas une, mais cent. Qui s'entretenait alors d'autre chose? Mais, du premier jour au dernier, tous les interlocuteurs se divisaient en deux catégories parfaitement distinctes : les uns se tenaient inébranlablement attachés à la légalité, à la tribune, à l'Assemblée ; les autres faisaient bon marché de toute entrave constitutionnelle. Cela divisait la majorité en deux camps, et la réunion de la rue de Rivoli demeura toujours et tout entière dans le premier de ces deux camps. Le président, à cette date, avait donc parfaitement acquis la certitude qu'il ne pourrait faire prévaloir aucun de ses projets dans l'Assemblée et qu'il ne pouvait chercher le succès qu'en dehors d'elle et contre elle.

La proposition de révision, rédigée et signée par des membres de l'Assemblée, dont pas un n'appartenait à la réunion de Rivoli, avait été renvoyée à une commission que présida le duc de Broglie et qui choisit pour rapporteur M. de Tocqueville. La discussion s'ouvrit, le 14 juillet 1851, avec une imposante solennité. Lorsque je fus appelé à la tribune, je pris pour exorde la parole d'un d'Aguesseau, que n'a point oubliée naguère un Séguier : « Tout magistrat qui n'est pas un héros de probité n'est pas même un honnête homme, » et j'ajoutai : « Je dis, à mon tour, dans cette circonstance solennelle : Tout représentant qui n'est pas un héros de désintéressement, d'abnégation, de patriotisme, n'est pas un honnête homme. (Vive approbation sur les bancs de la droite. — Sensation.)

« C'est sous cette réprobation solennelle, c'est sous cette malédiction que je place d'avance mes paroles, si elles ont une autre inspiration. (Nouvelle approbation à droite.) »

Bientôt après, allant au vif de la question, je disais : « Dans quelle mesure devons-nous reviser? Sera-ce la révision partielle? Sera-ce la révision totale? (Chuchotements. — Écoutez! écoutez!)

« Si la révision partielle suffisait aux besoins et aux exigences de mon pays, j'y consentirais aussitôt et immédiatement; mais, selon moi, la révision partielle ne peut produire qu'une chose, une illusion, et la plus fatale des illusions. Je ne puis donc consentir qu'à la révision totale.

« Cependant il y a pour la révision partielle, quelque formellement que je me prononce contre elle, il y a deux arguments qui m'ont touché.

« Avec la révision partielle, on gagnera du temps et on refera de l'autorité.

« Ah! gagner du temps pour un pays qui souffre, pour un pays qui, dans certaines conditions, est profondément découragé, pour un pays qui ne demande que le repos, oui, gagner du temps, c'est un grand argument, et le rejeter, c'est une grande témérité, un grand prétexte pour les reproches ; mais gagner du temps, est-ce toujours gagner quelque chose?

« Je demande que la réponse soit faite par quelqu'un qui a une toute autre autorité que la mienne, par l'honorable président de la commission, par M. de Broglie.

« Voici la force que j'ai trouvée vis-à-vis de moi-même, si j'avais hésité ; voici la force que j'ai trouvée dans un rapport de M. de Broglie à la Chambre des pairs :

« Attendre est sage à la condition d'attendre quelque chose ; mais
« attendre pour attendre, par pure insouciance ou par pure irrésolu-
« tion, faute d'avoir assez de bon sens pour se décider et assez de cou-
« rage pour se mettre à l'œuvre ; attendre ainsi, c'est le pire de tous
« les partis et le plus certain de tous les dangers. » (Mouvement.)

« Voilà, messieurs, non pas ce qui a pour moi fait naître ma résolution, mais ce qui l'a rendue irréfutable.

« L'autre argument est celui-ci : On refera de l'autorité.

« Ah ! mais oui, c'est aussi une bien noble et une bien grande
chose que de refaire l'autorité ; cela est certainement une chose bien
nécessaire, et jamais, jamais, ce n'est moi qui m'y opposerai, et j'espère que ce ne seront jamais mes amis qui s'y opposeront. Mais,
comment refait-on de l'autorité ? Je me suis bien souvent, bien profondément attaché à ce problème ; et pour moi il se résout par deux
axiomes qui ne sont qu'une même pensée : On ne donne pas à la liberté tout ce que l'on donne à la république, on ne donne pas à l'autorité tout ce que l'on donne au gouvernement. Ce sont des choses
très-distinctes. Eh ! mon Dieu, on ne donne pas à la liberté tout ce
qu'on donne à la république ; nous le voyons, nous l'avons vu
dans ce pays par les deux épreuves que nous en avons faites...

« On ne fait pas de la république avec des commissaires : on fait
de la république avec des mœurs, avec des institutions, avec une
situation géographique républicaine, on ne fait de la république
qu'avec des vertus républicaines. On fait de la république comme
cela, ou l'on n'en fait pas, ou l'on en fait une détestable et pitoyable
contrefaçon.

« Messieurs, ce que je viens de dire de la république, avec une respectueuse franchise, je demande la permission de l'appliquer de même au gouvernement.

« Ah! on ne fait pas de l'autorité avec du gouvernement, avec de l'administration toute seule. On ne fait pas de l'autorité avec de la compression ou de la prospérité matérielle seulement. On ne fait de l'autorité et de l'ordre qu'avec les conditions véritables de l'ordre et de l'autorité, avec les mœurs, avec les institutions, avec les principes, les hommes, les vertus de l'autorité. On ne fait de l'autorité que comme cela. Autrement, on peut faire du gouvernement, on peut le faire avec habileté, avec utilité; on peut s'acquérir de grands titres à la reconnaissance d'un pays; mais tout cela est précaire et passager, tout cela ne peut durer qu'autant que durent quelques nécessités, quelques circonstances impérieuses. »

Après avoir insisté sur le peu de confiance que méritent les moyens violents et de pure compression, je reprenais :

« Reviser peu, faire une révision partielle, ce n'est rien faire, c'est faire pis que rien, c'est produire une illusion funeste.

« Mais reviser beaucoup, reviser tout, c'est aller bien loin, c'est un autre inconvénient, c'est aller à la monarchie. Ah! oui, j'en conviens.

« Et l'on ajoute : « Le pays n'est pas mûr pour la monarchie. »

« Ah! le pays n'est pas mûr pour la monarchie! c'est possible, je n'en sais rien, mais c'est bizarre. Il y a deux ans à peine, j'entendais à cette tribune les républicains les plus compétents nous déclarer que la France n'était pas mûre pour la république.

« Est-il donc possible que notre pays ne soit mûr ni pour la république ni pour la monarchie? Lui fait-on cette injure de croire et de dire qu'il ne peut supporter qu'un régime bâtard, que des institutions qui se démentent elles-mêmes et qui ne reposent sur aucun principe fixe, fondamental, historique et hautement avoué? Osera-t-on dire cela de la France à cette tribune? Je ne le crois pas. (Mouvement.)

« ...Ce qu'on veut dire, messieurs, car enfin ce mot a tellement cours qu'il faut bien dire qu'il repose sur quelque chose, ce qu'on veut dire quand on dit que la France n'est pas mûre pour la monarchie, c'est ceci : on veut dire que les hommes politiques ne sont pas mûrs pour la concorde. Cela est vrai, c'est malheureusement trop vrai; mais si nous attendons que cette maturité soit venue pour procéder au remède, nous attendrons trop longtemps. Il y a là un cercle vicieux dont le pays seul a le droit et l'autorité pour nous faire sortir. »

Je jetais ensuite un regard rétrospectif sur les tristes avortements des divers partis successivement arrivés au pouvoir depuis le commencement du siècle, et j'ajoutais : « Comment s'expliquent-ils ?

« Ils s'expliquent, selon moi, par une théorie très-simple : c'est que, successivement, chacune des vraies forces du pays, chacune des vraies puissances de l'ordre dans ce pays a voulu successivement et isolément se charger du pays à elle toute seule.

« De 1829 à 1830, les royalistes (je juge leurs fautes, je vous prie de le croire, avec autant d'impartialité que qui que ce soit dans cette enceinte), les royalistes étaient arrivés à cette situation de vouloir gouverner le pays à eux tout seuls ; ils ont succombé.

« Les libéraux, qui étaient la grande force morale, la grande force politique de ce moment-là, ont dit : Nous écarterons bien les républicains ; nous nous faisons fort de la république et des républicains ;

nous gouvernerons le pays à nous tout seuls. Ils l'ont gouverné, et tout le monde sait que ni le talent, ni l'autorité, ni le succès ne leur ont manqué, et ils ont succombé.

« En 1848, les républicains ont dit, à leur tour, ce que les libéraux avaient dit en 1830 ; ils ont dit : Nous nous faisons fort du socialisme et du communisme ; ne craignez rien ; nous, républicains, qui ne sommes ni les hommes monarchiques de 1815, ni les anciens libéraux de 1830, nous nous chargeons de gouverner le pays ; soyez tranquilles, le socialisme et le communisme, ce n'est rien. Combien cela a-t-il duré? Vous le savez : deux mois, trois mois... les républicains ont disparu. Le socialisme, le communisme ne les ont pas remplacés immédiatement, cela est vrai; et il est venu à la traverse, il est venu inopinément le régime actuel.

« Mon Dieu, je le caractériserai par un mot, parce que c'est le mot qui dispense de beaucoup de périphrases ; mais j'espère que personne ne croira que j'emploie ce mot dans l'acception dont les partis et les factions ont l'habitude de s'en servir : il est venu ce qu'on appelle l'ère bonapartiste, le gouvernement d'un prince, le gouvernement qui pouvait s'appuyer sur le grand nom de Napoléon ; et aujourd'hui on pourrait voir poindre à l'horizon la même pensée qui a tout perdu depuis quarante ans ; c'est cette pensée, que j'appellerai dans ce moment le bonapartisme, qui dirait, elle aussi : Ne craignez rien ; moi, je réponds du pays sans les socialistes, sans les républicains, sans les libéraux, sans les monarchistes.

« Hélas! vous avez vu tout ce que ces épreuves ont fait perdre à la France, elles l'ont fait descendre de plus en plus vers l'abîme. Eh bien! il appartiendra à cette témérité, à cette folie d'être la dernière de nos étapes ; ce serait le bonapartisme ainsi entendu, ainsi compris, qui achèverait la décadence et la ruine de notre pays. (Approbation sur divers bancs de la majorité.)

« ...Ne vous étonnez donc pas si je ne demande le remède au mal que je comprends ainsi, ni à celui-ci, ni à celui-là, ni à la réforme de cet article-ci, ni à la réforme de cet article-là : le remède, je le demande à la révision aussi complète et aussi radicale que possible, je le demande à une substitution du principe de la monarchie au principe de la république. (Sensation. — Agitation sur plusieurs bancs.)

« VOIX DIVERSES. Très-bien ! C'est clair !

« M. DE FALLOUX. Voilà ce que je veux pour les faits. Quant aux hommes, ne vous étonnez pas non plus si je ne demande le remède ni à mes amis les royalistes tout seuls, ni à mes amis les libéraux tout seuls, ni aux républicains, ni aux bonapartistes ; ne vous étonnez pas que, comprenant ainsi le mal, je ne demande le remède ni aux uns ni aux autres isolément : je le leur demande à tous (Approbation à droite), je le leur demande à tous en commun, à tous ensemble, à tous indivisiblement.

« Nous avons été perdus les uns par les autres ; nous avons, les uns et les autres, contribué à perdre notre pays, ou du moins à le compromettre énormément, à le conduire à cette situation où l'on délibère de sa vie et de sa mort ; tous nous l'avons conduit là. Ne faisons pas les parts, ne les recherchons pas ; ayons chacun vis-à-vis de nous-même, vis-à-vis de notre conscience, le sentiment de notre erreur, de notre méprise, quelque généreuse qu'elle ait été ; ne comprenons que ce sentiment, n'obéissons qu'à ce sentiment : il n'y a que celui-là qui peut nous sauver et qui peut sauver la France[1]. »

L'extrême gauche ne manqua pas de repousser et mes prémisses

[1] *Moniteur* du 15 juillet 1851.

et ma conclusion. M. Michel (de Bourges), son porte-drapeau dans cette discussion, dressa contre la royauté, c'est-à-dire contre l'histoire de France tout entière, un réquisitoire passionné. M. Berryer lui répondit.

La royauté et la France, leur union, leur progrès, leur commune grandeur à travers les siècles furent vengés par lui dans une incomparable synthèse. Tout y est également à relire et à méditer. Je citerai seulement les conclusions de ce discours qui fut suivi d'une indescriptible émotion.

· « J'ai ici des amis d'enfance, dit M. Berryer. Ils savent qu'avant la chute de l'Empire, je leur disais : « Vous ne vous rendez pas compte « de votre gouvernement ; il est odieux, il est intolérable ! La gloire « ne couvre pas cela ! »

« Tu m'es témoin !

« (L'orateur invoque du geste un membre de la droite. Ce mouvement oratoire produit une vive sensation. — Tous les yeux se tournent vers M. de Grandville qui répond à l'honorable M. Berryer par des signes réitérés d'affirmation.)

« Et puis, j'ai vu l'infidélité de la victoire, j'ai vu l'étranger amené par nos revers jusqu'ici. (L'orateur baisse la voix et semble indiquer du doigt les lieux qui environnent l'Assemblée.) J'ai vu tout un grand gouvernement, une immense puissance qui reposait sur un seul homme, disparaître en un jour, disparaître parce que son épée était abattue et qu'un jour, un seul jour, il n'était pas triomphant. Plus de gouvernement, plus de lois; tout s'anéantissait, tout partait avec un seul homme !

« Oh ! alors, j'ai compris que, malheur aux nations dont l'existence, dont le gouvernement, dont la constitution a pour unique base ou la mobilité des passions populaires qui conduit aux hontes du Directoire, ou l'autorité immense du génie d'un grand homme qui conduit à d'éclatantes victoires, à d'immenses succès, mais aussi à d'affreux revers, à un anéantissement complet, à un effacement de tout ce qui constitue la société. Faire reposer la destinée d'un peuple sur la tête d'un homme, c'est le plus grand de tous les crimes. (Mouvement à gauche.) Ah! j'ai compris alors la nécessité d'un principe. (Vive approbation. — Applaudissements sur plusieurs bancs de la droite.) »

« Mais, ajoutait l'orateur, nous avons eu, M. Michel (de Bourges) et moi, le tort de nous écarter peut-être trop de la question même, » et il se résumait en ces termes :

« Réélection, prorogation sont deux dangers égaux. Introduisez dans votre constitution, telle qu'elle est, un semblant de monarchie, un semblant d'autorité personnelle; perpétuez, prolongez sous une forme quelconque, légale ou extra-légale, ces pouvoirs d'un président de la République dans les conditions où est le président actuel, vous prolongez le déchirement, la lutte, les malheurs, vous prolongez les calamités.

« Messieurs de la majorité, mes vieux amis politiques, je vous en conjure, unissons-nous étroitement dans cette pensée, dans cette résolution de faire respecter la légalité...

« Majorité, tous de la majorité, soyez inséparables en face des dangers et de la sédition et de l'ambition ; soyez inséparables dans l'ordre légal, rappelez-vous comment nous avons traversé les mauvais jours; que ce souvenir douloureux soit une leçon immense, une leçon toute-puissante pour nous rendre forts en face des périls qui s'avancent. (Applaudissements prolongés à droite.)[1] »

On conviendra, sans doute, que de tels engagements, articulés en

____
[1] *Moniteur* du 17 juillet 1851.

de tels termes, en face du pays tout entier, sanctionnés par un constant applaudissement des amis de M. Berryer, n'annonçaient pas et ne permettaient plus un retour en arrière. On pouvait, en se déshonorant, se jeter dans un coup de main de la force, expulser en les bâillonnant ses anciens auditeurs ; mais, respecter la tribune, stipuler encore au nom de la majorité et se réserver une palinodie qui eût eu contre elle nos paroles, nos actes, nos amis, nos journaux, ce n'eût pas été seulement un révoltant cynisme, c'eût été l'oubli du plus vulgaire bon sens poussé jusqu'à la démence. Aussi, nul n'hésita, nul ne se démentit et chacun avança tristement, mais fermement, dans la voie que ses lumières, sa conscience et son patriotisme lui avaient ordonné de préférer.

724 représentants prirent part au scrutin sur la révision ; 446 votèrent pour, 278 contre. C'était le rejet, car la constitution exigeait, pour ce cas spécial, les trois quarts des suffrages exprimés. 150 voix de l'extrême gauche comptaient dans les 278 voix de la minorité. C'était donc M. Michel (de Bourges) et ses amis qui avaient pris la responsabilité du rejet et de la situation qui allait en résulter.

Si la révision eût été adoptée, le suffrage universel eût élu, ou une Assemblée républicaine pour continuer la République, ou une Assemblée monarchique pour reconstituer la monarchie représentative. En aucun cas la France, loyalement consultée, n'eût consenti à l'un de ces régimes qui coûtent plus encore au caractère d'une nation qu'à sa fortune ; elle n'eût jamais envoyé une Assemblée de muets chargée d'abdiquer entre les mains d'un dictateur tous les droits dont elle était encore fière et, comme elle n'aurait pas eu besoin d'être sauvée, personne n'aurait osé lui offrir la sécurité au prix de la liberté.

V

L'Assemblée législative prit ses vacances du mois d'août au mois de novembre. Cet intervalle ne fut pas perdu pour les partisans d'un régime impérial; ils avaient entrevu une entente possible entre le calcul révolutionnaire et l'ambition napoléonienne; ils déguisèrent donc de moins en moins leur pensée. Le ministère très-dévoué, mais choisi tout entier dans l'Assemblée législative, fut congédié le 17 octobre et remplacé par des hommes dont les noms n'avaient jamais figuré dans aucune de nos Assemblées : MM. Daviel, Giraud (de l'Institut), de Thorigny, de Saint-Arnaud et Blondel, remplaçaient MM. Rouher, de Crouseilhes, Randon, Fould et Baroche.

Le ministère disgracié avait pris, au nom du président, l'initiative de la loi du 51 mai. Il l'avait défendue avec chaleur et constamment représentée comme une digue à la marée montante du socialisme, comme unique moyen d'empêcher le triomphe de la démagogie en 1852. Cette loi, qui se bornait à régler les conditions du domicile électoral, avait produit des radiations en beaucoup plus grand nombre qu'on ne l'avait prévu. Elle était devenue le point de mire des réclamations de l'extrême gauche.

Au retour de l'Assemblée et dès sa première séance, le nouveau ministère présenta un projet abrogeant cette loi.

Je suis personnellement désintéressé dans la loi du 51 mai; je n'ai pris part ni aux délibérations qui en ont déterminé la présentation, ni au vote. Beaucoup, parmi nous, étaient disposés à la modifier, et je l'avais déclaré à la tribune dans la discussion de révision. Mais le retrait de cette loi par un ministère extra-parlementaire était le signe certain d'un coup d'État imminent ; c'était le gant jeté à la majorité, accusée près des masses, si elle le relevait, déconsidérée à ses propres yeux, comme aux yeux de tous, si elle ne le relevait pas. Baisser la tête ce jour-là, c'était la présenter au joug. On pouvait pressentir d'ailleurs que si ce prétexte était enlevé par une docilité peu clairvoyante, un autre prétexte ne ferait pas défaut. Tout était si clair dans cette situation, que l'orage éclata aussitôt que les représentants du pays se retrouvèrent en face les uns des autres. A peine M. de Thorigny avait-il déposé sur le bureau du président sa machine de guerre, que M. Berryer s'élança à la tribune pour une motion d'ordre. Il souhaitait qu'avant l'examen de tout projet de loi, le nouveau ministère rassurât le pays sur tout ce qui s'était passé durant l'absence de l'Assemblée. Jamais l'illustre homme d'État ne s'était vu ainsi interrompu ; il le fut constamment par la gauche et particulièrement par M. Michel (de Bourges). « J'ai parlé avec modération, dit M. Berryer, mais j'ai parlé en député consciencieux, et je dis que c'est un mensonge à tout ce que le monde pense, à tout ce que le monde dit, à ce qui circule dans toutes les bouches, à ce qui est dans toutes les conversations, que de se taire sur la situation générale du pays (A droite : Très-bien !), que de taire devant le pays, de taire devant le soleil de la publicité ce que l'on dit de toutes parts, ce que l'on murmure. Tous ces bruits secrets et souterrains sont l'objet de spéculations détestables au-devant desquelles nous voulons aller par des explications nettes et claires. (Très-bien! très-bien !) »[1]

La majorité était en proie à une grande anxiété. Elle laissa tomber

[1] *Moniteur* du 5 novembre 1851.

les interpellations de M. Berryer, mais elle refusa l'urgence au projet de loi du gouvernement, qui fut renvoyé à l'examen des bureaux.

Rien n'est plus curieux à relire aujourd'hui que cette séance. Ce fut la répétition préalable du 2 décembre sur le terrain parlementaire. L'extrême gauche, en accueillant avec faveur un ministère extra-parlementaire, en acceptant le brusque retrait de la loi du 31 mai pour rançon de tout autre grief et de toute autre menace, venait d'armer le président d'une popularité rajeunie. Il lui fallait maintenant achever de désarmer la majorité, et c'est ce qu'elle fit, quelques jours après, en repoussant la proposition des questeurs.

Ici, je vais me récuser moi-même et céder la parole à un historien autorisé dans son parti et dont l'impartialité, non affranchie de passion, me paraît mériter un sincère hommage.

« La parfaite légalité, dit M. Ténot, de la proposition des questeurs n'était pas contestable.

« Son opportunité seule pouvait souffrir discussion.

« Les républicains y virent une intempestive riposte à la proposition présidentielle d'abroger la loi du 31 mai. Beaucoup d'entre eux considérèrent la proposition comme une manœuvre des partis royalistes de l'Assemblée, dans le but de s'assurer une force militaire au moyen de laquelle la droite se serait débarrassée successivement du président et de la gauche républicaine, pour établir une « dictature blanche, » prélude d'une restauration monarchique.

« On peut affirmer aujourd'hui que ces craintes étaient au moins prodigieusement exagérées.

« La droite n'était ni assez nombreuse ni surtout assez unie pour tenter un coup d'État parlementaire. La divergence radicale du but qui existait entre ses chefs ne leur permettait pas de s'entendre pour une aussi grosse entreprise.

« Le vote de la proposition des questeurs n'eût pas fourni d'ailleurs de forces nouvelles à la majorité, puisque cette proposition n'avait pour résultat possible que d'affirmer plus formellement un droit de l'Assemblée qui n'avait pas encore été sérieusement contesté.

« Il y a de fortes raisons de penser que les véritables intentions de la droite étaient celles-ci :

« Mettre en accusation le président de la République, dès que le complot du pouvoir exécutif contre l'Assemblée, — complot que l'on croyait exister réellement, — se serait dévoilé par quelque acte formel ;

« User alors amplement du droit de réquisition directe et entourer l'Assemblée nationale de corps de troupes de la ligne et de la garde nationale suffisants pour faire échec à toute tentative de résistance du président. Des généraux célèbres, tels que Bedeau ou Lamoricière, auraient été investis du commandement des forces requises pour la défense de l'Assemblée. On ne doutait pas que leur autorité personnelle, leur prestige sur l'armée ne produisissent un effet décisif au moment critique.

« La prépondérance de la représentation nationale étant ainsi assurée, les dangers d'usurpation du président écartés, la majorité aurait usé de son ascendant pour maintenir vigoureusement la loi du 31 mai, accomplir les élections sous l'empire de cette loi, écraser les résistances « démagogiques » s'il en survenait, et procéder à une révision de la constitution qui laissât le champ libre aux espérances des diverses fractions monarchiques de la droite.

« On se tromperait cependant en supposant que ces idées fussent passées à l'état de plan nettement formulé, fortement conçu, avec un but précis, des moyens d'exécution rigoureusement arrêtés, comme il en était du plan formé en ce moment par Louis-Napoléon. La majorité avait des tendances à adopter la ligne de conduite que nous avons indiquée, mais les idées échangées à ce sujet entre ses principaux membres étaient loin d'avoir pris corps. En aucun cas, d'ailleurs, la majorité ne semble avoir été disposée à sortir de la voie légale.

« Pendant ce temps, des résolutions irrévocables étaient prises par Louis-Napoléon[1]. »

La proposition des questeurs arriva devant l'Assemblée le 17 novembre 1851. « Cette séance, dit M. Ténot, fut pleine de trouble, anxieuse, presque sinistre. On comprenait qu'un coup d'État, c'est-à-dire la guerre civile et l'inconnu au bout, pouvait éclater à l'issue de la délibération[2]. »

M. Charras fut l'orateur de la fraction de l'extrême gauche, qui ne voulait à aucun prix pactiser avec M. le président. « L'opportunité de la mesure, disait-il, résulte tout entière de la déclaration faite par le gouvernement ; elle est là, elle n'est pas ailleurs.

« UN MEMBRE. L'ennemi est dans les rangs de la majorité.

« M. CHARRAS. On me dit que l'ennemi est là (la droite). Il est bien ailleurs aussi.

« M. MARMÉ. Le plus dangereux est là (la droite).

« M. CHARRAS. Non, je le dis en terminant, je ne crois pas que la majorité soit un danger plus sérieux pour la constitution et pour la République, dans les termes où est posée la question maintenant, que le président qui siége à l'Élysée ; non, je ne crois pas qu'il

____

[1] *Paris en décembre 1851*, par Eugène Ténot, p. 50 et 51.
[2] *Idem*, p. 55.

vienne de sa part un danger plus immédiat, un danger plus imminent que celui qui peut venir de l'endroit que j'ai indiqué. (Rires.)

« Mais la majorité se trouve sur le terrain du principe constitutionnel, sur le terrain de l'indépendance des Assemblées. La majorité, à mon sens, est dans le vrai. C'est pour cela que je voterai avec elle.

« M. Michel (de Bourges) prit la parole immédiatement après ce discours. Obsédé, comme tant de ses collègues républicains, de l'idée que la République n'avait pas d'ennemis plus redoutables que la majorité royaliste, il essaya d'atténuer l'effet produit sur la gauche par les paroles de M. Charras[1]. »

Quand on procéda au vote, la proposition des questeurs fut, malgré les efforts énergiques de M. Thiers, de M. Vitet, du général Bedeau, repoussée par 408 voix contre 300. 150 républicains avaient voté contre la proposition. « Parmi ceux qui s'étaient joints à la droite, dit M. Ténot, on comptait — et ceci est un point significatif — la plupart des représentants républicains appartenant à l'armée : le général Cavaignac, le colonel Charras, les capitaines Bruckner, Millotte et Tamisier. Plusieurs membres éminents de la gauche avaient voté de même : MM. Marc Dufraisse, Edgard Quinet, Grévy, etc.[2] »

On sait le reste.

Ce récit, sauf quelques réserves, est un tableau parfaitement exact des vraies conditions du 2 décembre et, par conséquent, des vraies origines de l'Empire.

Le 2 décembre, en effet, fut l'œuvre commune de la force dans

[1] *Paris en décembre* 1851, par Eugène Ténot, p. 56.
[2] *Paris en décembre* 1851, par Eugène Ténot, p. 59.

les mains du pouvoir exécutif, des passions aveugles dans une partie considérable de l'extrême gauche. Il fut repoussé par toutes les fractions de la majorité qui demeuraient inébranlablement fidèles à l'ordre légal, et par les membres du parti républicain qui mettaient la liberté et la dignité du pays au-dessus des satisfactions et des rancunes de parti. Il faut faire cependant aussi une juste part à quelques nobles esprits qui adhérèrent au coup d'État, sans consentir à la création d'un second empire. M. de Montalembert fut de ce nombre, et je lui emprunte à lui-même l'expression de ses sentiments à ce sujet : « Après mille hésitations et avec mille réserves, j'ai partagé l'illusion de l'immense majorité des Français. Trompé sur la nature et l'étendue du danger réel que nous courions alors, j'ai cru à la nécessité d'un coup d'État pour sauver la société et la liberté qui me semblaient toutes deux menacées par l'anarchie. Sans avoir pris la moindre part au renversement de l'ordre légal, ni à la création du pouvoir nouveau, j'ai pensé un moment que l'on pourrait tirer parti de ce nouveau pouvoir, comme de la République de 1848, pour le bien. Ce tort incontestable, je crois l'avoir suffisamment expié. Quinze ans de lutte et de protestations sans relâche, qui n'ont pas toujours été sans péril, peuvent bien contre-balancer une erreur qui a duré quinze jours. D'ailleurs je n'ai accepté qu'une dictature, c'est-à-dire un remède essentiellement temporaire, et rien de plus. Je n'ai jamais imaginé de transformer ce remède en régime permanent et nécessaire. Je n'ai jamais prétendu confondre la diète d'un malade à l'hôpital avec l'alimentation régulière de la santé et de la nature ; je n'ai jamais essayé de présenter une opération douloureuse et humiliante, bien que nécessaire, comme le plus glorieux des triomphes ; surtout, je n'ai jamais proclamé ou ratifié aucune des doctrines aveuglément rétrogrades ou hardiment serviles qui se sont accrochées au coup d'État et au nouvel empire[1]. »

VI

J'éveille à regret tant de lointains souvenirs. Je ne le fais ni par fantaisie ni par goût des représailles, je le fais pour repousser loin de mes amis et de moi-même des imputations aussi absurdes que malveillantes ; je le fais surtout parce que, dans chacun de ces souvenirs du passé, il y a une leçon pour le présent.

Aujourd'hui, les questions posées ne sont plus les mêmes ; il ne s'agit plus de prononcer ni entre les dynasties, ni sur les formes de gouvernement. Cependant, quoique la situation soit radicalement changée, les divers partis ont repris, avec aggravation d'amertume, la même attitude qu'à la veille du 2 décembre. L'union électorale, que l'on a coutume de nommer l'union libérale et que je nommerai volontiers l'union nationale, tant il y va des premiers intérêts de la nation tout entière, n'est autre chose qu'une tentative persévérante de rapprochement et d'action commune entre toutes les opinions loyales pour arriver à la création d'une majorité indépendante. Ceux

[1] Dans le procès qui fut intenté à M. de Montalembert, le 24 décembre 1858, M. Berryer mettait en lumière, dans des termes non moins explicites, la véritable pensée de l'illustre accusé, et faisait connaître, malgré la résistance du président, la pièce suivante : « Dans l'impossibilité de se réunir au palais de l'Assemblée, les soussignés, représentants du peuple à l'Assemblée législative, déclarent protester contre la dissolution de l'Assemblée nationale et contre sa dispersion par la violence.

« Fait à Paris, le 2 décembre 1851, à 2 heures après-midi.

« *Signé* : CH. DE MONTALEMBERT, LÉON FAUCHER, etc. »

(*Suivent* 60 *signatures*).

qui repoussent ce rapprochement, ceux qui s'indignent bruyamment à toute pensée d'entente et de concert sont encore les fauteurs de la démagogie à outrance et les fauteurs du pouvoir absolu, hostiles en apparence, unis en fait. Les démagogues déclament aujourd'hui contre les candidatures officielles, mais c'est au profit des candidats; ils n'ont plus en face d'eux Cavaignac et Tocqueville, mais ils continuent à repousser les amis d'une démocratie probe et sincère. Les absolutistes, à quelque nuance qu'ils appartiennent, ne se lassent point de sourire, d'applaudir et de concourir aux récriminations violentes, aux agressions perfides, dès qu'elles peuvent fomenter ou faire naître une de ces bonnes et belles querelles à travers lesquelles passe si allégrement un troisième plaideur.

Ce sont là des régions où je n'ai pas d'accès et où ma voix n'a pas la prétention de se faire entendre. Je souhaite que d'autres y soient mieux accueillis et plus écoutés. Je le souhaite pour la France, je le souhaite pour la démocratie elle-même, qui se fait dupe à force de méfiance et qui, en voyant des ennemis partout, finit par s'en créer plus qu'elle n'en aurait naturellement.

Mais peut-être me sera-t-il permis de m'adresser à ces jeunes générations qui demeurent fidèles aux vues, aux idées, aux traditions parlementaires, et qui se préparent, je l'espère, à continuer nos luttes sans recommencer nos fautes. La division nous a livrés et perdus quand il s'agissait de fonder un gouvernement. La division va-t-elle nous livrer et nous perdre encore aujourd'hui qu'il s'agit simplement de fonder une majorité au sein d'un corps législatif? Ceux qui voulaient régner tout seuls, il y a seize ans, voudront-ils voter tout seuls aujourd'hui? Verrons-nous encore, dans le scrutin qui va s'ouvrir, chaque parti assumer à lui seul la responsabilité de l'exclusion et de la défaite de tous les autres? Verrons-nous encore ces présomptions formidables, qui entreprennent de tout accomplir à elles seules, en ne tenant pas plus compte des expériences du passé que des signes les plus certains de l'avenir?

On raconte qu'aux approches du dernier moment, Narvaez, ayant réclamé les sacrements de l'Église, le prêtre qui les lui apportait lui demanda s'il pardonnait de tout son cœur à ses ennemis ; et le général, se soulevant sur son lit de mort, retrouva encore des forces pour répondre : — Mes ennemis ! Je n'en ai plus, je les ai tous fait fusiller.

Le mot, s'il est exact, serait d'un *condottiere*, non d'un patriote et d'un politique. Il ne serait point d'un patriote, car c'est le sang et la vigueur morale d'un pays qu'on épuise en procédant soit par le mousquet, soit par l'ostracisme ; il ne serait point d'un politique, car un politique n'ignore pas que le progrès des institutions et la conversion des intelligences ne s'opèrent point ainsi, il sait que les œuvres de la violence ne sont que des œuvres éphémères. Nous l'avons vu en France, nous le voyons en Espagne : Narvaez est mort, il y a quelques années à peine, et déjà son héritage n'existe plus. Il n'avait fusillé ni une idée, ni une opinion, ni une ambition ; toutes se sont coalisées contre lui, elles ont triomphé sur sa tombe, elles ne l'auraient pas moins vaincu dans son palais.

Pour nous, vétérans de la droite libérale, nous n'avons pas à redouter, on vient de le voir, les accusations rétrospectives. Non, nos paroles d'aujourd'hui ne sont pas des paroles de circonstance ; notre esprit de conciliation n'est ni un expédient, ni une tactique. Du 4 mai 1848 au 2 décembre 1851, nous étions le pouvoir, car nous étions membres de la majorité dans une Assemblée unique et souveraine. Parlions-nous, agissions-nous autrement qu'aujourd'hui? Nous ne demandons pas à nos adversaires qui s'irritent de nous voir à côté d'eux dans l'opposition, ni à ceux de nos amis qui s'en étonnent, de faire quoi que ce soit aujourd'hui dont ils pourraient avoir à se repentir ou à se dédire demain ; nous ne leur demandons qu'une chose : c'est de faire, dès aujourd'hui, ce qu'ils feraient infailliblement demain et toujours, s'ils étaient les maîtres. Si la gauche venait à conquérir le pouvoir, déporterait-elle le centre et la droite ? Non, elle devrait mettre son intérêt et son honneur à leur accorder des sûretés et des satisfactions légitimes. Si la droite venait à dominer dans les conseils d'un gouvernement, déporterait-elle le centre et la gauche ? Non assurément, elle devrait mettre, elle mettrait son intérêt et son honneur à offrir d'elle-même aux classes populaires toutes les sécurités, toutes les satisfactions qui leur appartiennent à si bon droit. Loin donc d'avoir deux conduites et deux langages, l'un pour la victoire, l'autre pour la défaite, nous supplions nos adversaires et nos amis de s'entendre enfin dans un langage et dans une conduite qui soient ceux de tous les temps et de toutes les situations, de bannir les hypocrisies comme les haines, et de créer, il en est temps, un parti qui, dans l'opposition, imposerait au gouvernement l'ordre, la concorde et la liberté, et qui, s'il devenait le gouvernement, doterait enfin le pays de ces trois bienfaits.

On me dit quelquefois : De semblables appels n'ont pas chance de réussir. C'est possible, et je le crains. Mais réussiront-ils mieux, si les plus sages mêmes y renoncent ? A supposer que l'on ne raisonne pas bien dans les bureaux de tel ou tel journal, est-ce un motif suffisant pour déraisonner partout ailleurs ? Ne faut-il pas parler raison par respect pour la raison et s'attacher à la vérité par amour de la vérité ? Autrement, où devrait s'arrêter cette émulation dans l'extravagance ? Où ne descendraient pas alors l'intelligence française et le bon sens public ? Il est aussi rare, quand on a le bon droit et la bonne volonté de son côté, de ne persuader personne que de persuader tout le monde. Le découragement des gens de bien enfante peut-être plus de maux que l'audace des méchants. Si nous échouons en 1869 comme nous avons échoué en 1851, eh bien, ce sera un nouveau malheur, et je répéterai encore douloureusement aux multiples auteurs de tant d'échecs : « Vous ne serez jamais aussi punis que vous aurez été coupables. »

Démocrates, vous verrez ce qui attend la liberté !

Catholiques, vous verrez ce qui attend l'Église !

L'ORGANISATION

———

I

Ne pas s'abstenir, ne pas se diviser, voilà deux conditions élémentaires du succès électoral.

Il est une troisième condition non moins essentielle et que nos mœurs politiques rendent impérieuse : s'organiser.

Une organisation de circonstance ne devrait point être nécessaire, sous l'empire d'une législation libéralement conçue. Nous n'en sommes malheureusement point là, et, il faut l'avouer, ce n'est pas uniquement la faute du régime actuel : il avait reçu de fâcheux exemples; mais il ne s'est pas borné à les suivre, il les a fortement aggravés. La mise en œuvre du principe électif devrait être le jeu permanent et régulier des influences naturelles d'un bout à l'autre du pays, les régions industrielles obéissant au courant de l'industrie, les régions agricoles faisant prévaloir les vœux et les besoins de l'agriculture, les villes représentant le mouvement des idées au sein des classes lettrées et studieuses, ouvrières et commerçantes.

Sans proposer l'ancienne législation électorale de la France comme un type absolu, on doit reconnaître cependant qu'elle avait pour base une pensée franche et large, celle de la représentation fidèle de tous les intérêts sociaux, tels qu'ils existaient alors, identifiés avec les trois ordres. La division par classes a fait son temps, les catégories sociales ont disparu sous le niveau d'une éducation identique et générale. Mais le principe était excellent, et l'application en fut longtemps bienfaisante. Ce principe était qu'aucune classe, on devrait dire aujourd'hui aucun parti, ne pouvait être exclue de la représentation nationale, parce que les classes alors, comme les partis aujourd'hui, représentaient, chacune dans sa raison d'être, un grand intérêt public. Les six millions d'électeurs que comptait la France étudiaient et rédigeaient en pleine liberté le cahier de leurs doléances, imposaient des mandats aux députés, et l'élection ne se consommait qu'à travers une discussion contradictoire et une élaboration graduée.

A partir de la révolution française, il n'en a plus été ainsi : chaque gouvernement a voulu avoir sa législation électorale à lui, et chaque gouvernement l'a combinée dans l'intérêt exclusif de sa situation. L'empereur Napoléon ne laissait percer dans les élections qu'une sanction obséquieuse de sa toute-puissante volonté. La Restauration apporta dans ses lois électorales, comme dans tous ses actes, une parfaite loyauté, mais une préoccupation trop timide. Elle prit un cens élevé pour base du droit électoral, s'efforçant ainsi d'assurer la prépondérance à la grande propriété. Le gouvernement de Juillet crut faire assez en prenant le contre-pied de la Restauration : il abaissa simplement le cens électoral afin d'assurer la majorité à la moyenne propriété. La république de 1848 jeta ces diverses combinaisons à la mer. Elle improvisa, dans les vingt-quatre heures, le suffrage universel direct et illimité avec un seul scrutin de liste par département. Cette absence apparente de tout calcul n'était pas non plus dépourvue [d'arrière-pensée, et il est vraisemblable que ceux qui lançaient ainsi le filet en plein océan populaire, comptaient bien le retirer tout plein de leurs amis. Enfin le régime actuel est venu et a voulu, bien entendu, avoir aussi sa législation électorale toute modelée sur sa politique.

Cette politique devait viser à effacer jusqu'à leur dernier vestige les agrégations naturelles, les indépendances professionnelles ou locales. Son procédé a été ingénieux et a réussi. Électeurs et députés sont divisés par chiffres bruts ; ils ne représentent plus ni le département, ni l'arrondissement, ni le canton, ni les intérêts moraux, ni les intérêts matériels, ni les villes, ni les campagnes ; ils représentent une circonscription arbitraire, composée d'individus agrégés ou désagrégés par une volonté souveraine qui ne doit compte d'aucun motif de ses opérations et qui n'a d'autres règles ni d'autres limites que le chiffre cabalistique de trente-cinq mille.

Voilà ce qui doit imposer à chaque circonscription le soin d'une vigoureuse organisation préalable. Sinon, chaque électeur n'étant que la trente-cinq millième partie d'un tout qui n'a aucune cohésion politique, qui n'a de racine ni dans le sol ni dans les intérêts, ni même dans les relations journalières, chaque électeur n'est plus qu'un grain de poussière luttant contre la bise, un grain de sable en révolte contre un marteau géant.

Cette circonscription factice, uniquement basée sur un chiffre, était certainement la combinaison qui devait le mieux livrer le corps électoral désemparé à la toute-puissance administrative. Mais on y ajoute un détail qui doit porter à son dernier degré de perfection cet engin destructeur d'indépendance. De cinq ans en cinq ans, on peut bouleverser de fond en comble les circonscriptions, et l'on n'y manque pas. Après chaque renouvellement du Corps législatif, on a

soigneusement étudié par quelles fissures s'échappait encore un peu
d'esprit local ou un peu d'esprit politique, et aussitôt on y a paré en
vue de l'élection suivante. L'art de disloquer une circonscription,
d'adjoindre le nord d'un département au midi, de noyer une population urbaine dans une population rurale ou une population industrielle dans une zone où les fonctionnaires dominent, est devenu
la vraie pierre de touche de toute bonne administration. Autrefois
les maîtres de maison tenaient à découper eux-mêmes le rôti, envoyant les bons morceaux aux convives à qui l'on voulait faire hon
neur. J'ai même ouï conter, à ce propos, que le chevalier de Panat,
gourmet fort connu de son temps, dînant un jour au ministère des
finances, vit arriver une cuisse de poulet, au lieu d'une aile sur laquelle il avait compté, et que, jetant un regard attristé sur son assiette,
il murmura tout bas : « Je ne me croyais pas si lié avec madame de
Villèle ! » Au banquet électoral, ce sont les préfets qui remplissent
aujourd'hui le rôle de maîtres de maison : ils sont arrivés à découper avec une dextérité merveilleuse un département et un arrondissement, envoyant à celui-ci un canton de choix, à celui-là un
canton de rebut. Dans cet office d'écuyer tranchant, ils n'ont jamais
de distractions, et il est sans exemple qu'un ami ait été mal servi au
profit d'un étranger ou d'un indifférent.

Une ville même, autonomie naturelle et compacte s'il en fut, n'est
pas plus respectée qu'une autonomie agricole ou industrielle, et il
est passé en droit qu'une forte dose d'électeurs campagnards est indispensable à une certaine dose d'électeurs urbains, afin que, dans
ce conflit d'intérêts contraires, l'administration puisse plus aisément
imposer son intérêt propre. Il y a des villes qui s'en indignent, il y a
des conseils municipaux qui protestent.

« Attendu, disaient dernièrement les Nîmois, que la division des circonscriptions électorales actuelles, coupant la ville de Nîmes en trois tronçons appelés à concourir à l'élection de trois députés différents, l'empêche d'avoir un mandataire de son choix ;

« Qu'ainsi la personnalité d'une cité de 60,000 âmes est complétement anéantie ;

« Attendu que cette privation de toute représentation directe peut laisser en souffrance les intérêts communaux les plus graves, etc. »

En lisant dans les journaux cette réclamation aussi modérée dans les termes que fondée en principe, des paris ont été ouverts pour ou contre la dissolution du conseil municipal de Nîmes ; personne n'a songé à parier que cette réclamation serait accueillie.

II

Ainsi armée, l'administration s'applique-t-elle, du moins, à compenser l'énormité de son pouvoir par la discrétion et la réserve dans l'usage qu'elle en fait? Hélas ! chaque renouvellement du Corps législatif a vu grandir l'oppression. Rien n'annonce, loin de là, que les élections prochaines doivent marquer un temps d'arrêt dans cette marche ascendante.

Les fonctionnaires sont soumis à d'étranges métamorphoses : les uns sont forcés de descendre à des services pour lesquels ils n'étaient point faits ; à d'autres on confère des attributions dont, jusqu'à ce jour, on ne les avait pas crus investis. Les juges de paix, par exemple, magistrats honorés et qui ont surtout besoin d'ascendant moral, sont invités à se jeter dans la lutte des partis, et, pour les y mieux préparer, on leur demande des rapports qu'autrefois on n'exigeait que de la police.

« 19 janvier 1867. ·

« Monsieur le maire,

« Je vous prie de me faire connaître sans retard l'impression qu'a produite dans votre commune le discours prononcé par l'empereur à l'ouverture du Corps législatif.

« Agréez, etc.

« *Le juge de paix,*

« X... »

Cette circulaire, publiée par tous les journaux, n'a pas plus étonné les lecteurs qu'elle n'a embarrassé M. le ministre de la justice, suprême gardien de la dignité de la magistrature.

Les cabaretiers ne sont pas seulement devenus importants par le nombre et par la faveur spéciale dont on les entoure : ils sont élevés à l'état de puissance reconnue, avec laquelle on traite par voie de circulaire officielle.

« Falaise, 23 mai 1863.

« Monsieur le débitant,

« Les fréquents rapports que vous avez nécessairement avec l'administration m'autorisent à penser que vous êtes tout disposé à appuyer, dans les élections qui vont avoir lieu dimanche et lundi prochains, le candidat recommandé par le gouvernement de l'empereur.

« Je viens donc vous engager, comme votre conscience l'a déjà fait, à vous servir de votre position pour faire voter le plus grand nombre possible d'électeurs et pour assurer ainsi, dans la limite de vos moyens, un éclatant succès à la candidature de M. Bertrand, maire de Caen, officier de la Légion d'honneur et membre du conseil général.

« Recevez, monsieur, l'assurance de mes sentiments distingués.

« *Le sous-préfet de Falaise,*

« GOURBINE. »

Ce n'est là qu'un échantillon des étranges assimilations de pouvoirs et de la confusion générale qui, lorsque la tempête électorale est déchaînée, règnent du haut en bas de la hiérarchie administrative. Que ne faudrait-il pas ajouter sur les bureaux de poste, les instituteurs primaires, les percepteurs, les agents-voyers, les gardes champêtres? Que ne dirait-on pas, si l'article de loi qui interdit la preuve des faits contre le moindre fonctionnaire dans l'exercice de ses fonctions ou prétendues fonctions, était aboli? Mais c'est précisément à cause de l'abondance des matières que cet article est maintenu. Ce que je me borne à affirmer en attendant la réforme du code, c'est que j'ai eu sous les yeux et vu de fort près les procédés en vigueur dans ce qu'on appelle, en langage officiel, l'exercice libre du suffrage universel, et que je n'ai jamais assisté à un succès de l'administration sans me répéter involontairement :

Dieux qui la connaissez,
Est-ce donc sa vertu que vous récompensez?

Une organisation électorale doit donc prendre pour point de départ la méfiance de tout et la précaution à propos de tout.

Ce qui a trompé et ce qui trompe encore beaucoup d'hommes très-clairvoyants en d'autres occasions, c'est qu'ils jugent de l'esprit d'une circonscription d'après un certain nombre d'hommes instruits se formant des opinions par eux-mêmes et se portant caution de l'opinion des gens qui les entourent. Ce public d'élite représente un groupe de six ou huit mille voix par circonscription. Mais, au dernier moment, la masse flottante échappe à ce groupe éclairé. Soit par suite d'intimidation, soit par indifférence, soit par une ignorance habituelle des débats politiques, les classes laborieuses se récusent volontiers quand il s'agit de porter un jugement raisonné sur les divers candidats, de peser la valeur des antécédents ou des professions de foi, et il leur semble aussi légitime que naturel de livrer à leur maire un vote dont elles ne trouvent point les motifs sérieux dans leurs habitudes d'esprit. Les hommes qui, parmi ces classes, seraient mieux au courant des choses politiques, s'arrêtent volontiers devant une considération qui leur paraît sans réplique. Ils ne jugent pas que cette lutte d'un jour, qui n'apparaît que tous les six ans, vaille la peine de s'attirer le courroux d'un maire, d'un sous-préfet, d'un percepteur, d'un instituteur avec qui ils ont affaire, de qui ils dépendent dans une large mesure toute l'année et à chaque jour de l'année. Sauf les grandes villes où les classes ouvrières, affiliées à des sociétés diverses, échappent à l'étreinte administrative, les manifestations qui agitent ou passionnent les classes politiques n'effleurent même pas les masses. Une organisation électorale, procédant uniquement par voie de conseils politiques, serait donc une organisation qui n'atteindrait point son but : elle tomberait souvent dans le vide, elle ferait double emploi avec les publications théoriques et ne sortirait pas plus qu'elles du cercle où l'on se forme des avis et des convictions sur documents authentiques.

III

Ce n'est donc ni par département, ni même par arrondissement qu'une organisation électorale peut faire utilement contre-poids à la législation actuelle : c'est commune par commune et littéralement pied à pied. Le chef-d'œuvre d'un préfet, aujourd'hui, c'est de réduire le suffrage universel à l'état de mécanisme. Le souci d'une organisation électorale bien comprise doit donc être d'organiser un contre-mécanisme. Si le facteur rural ne reçoit pas ou ne distribue pas exactement les bulletins, il faut qu'un certain nombre d'habitants de la commune sachent exiger ou opérer eux-mêmes cette distribution ; si l'instituteur primaire menace les parents par les enfants, il faut que d'autres habitants de la commune sachent donner l'exemple et le conseil de la résistance et prennent le soin de rappeler l'instituteur au respect de la loi ; si le garde-champêtre s'introduit dans l'intérieur des familles pour y faire entendre des promesses ou des menaces révoltantes, il faut que quelques notables de la commune fassent comprendre aux hommes intimidés, dont l'existence dépend d'un salaire quotidien, qu'un maire et même un sous-préfet ne peuvent faire, au lendemain d'une élection, ni tout le mal ni tout le bien qu'ils ont promis la veille ; que les fonctionnaires peuvent beaucoup, peuvent trop, mais que le citoyen qui veut et sait se faire respecter trouve encore dans nos mœurs et dans nos lois quelques remparts et quelques moyens de défense. « C'est une diablerie quand avarice précède l'honneur, et cela a toujours beaucoup plus regné en France qu'en aucun autre lieu : si est ce le plus excellent pays de l'Europe, mais toutes bonnes terres n'apportent pas bon fruict en quelque sorte que ce soit[1]. » Cela étant déjà vrai du temps de Bayard, l'intérêt, mis aux prises avec la conscience, remportant souvent la victoire, que doit-il advenir dans ce temps-ci où la chevalerie est moins à la mode ? Et, en effet, les promesses et les menaces administratives sont aujourd'hui une des grandes plaies de nos classes agricoles, naturellement dignes et morales. Ces populations rurales, qui gagnent leur pain quotidien et le nôtre au prix de si nobles sueurs, sont en butte à des obsessions qui démoralisent rapidement une commune et qui bientôt démoraliseraient un peuple. Loin de rien exagérer, j'abrége et je pallie, par respect pour mon pays et

---

[1] *Mémoires du bon Chevalier sans paour et sans reproche*, page 259, collection Petitot.

par respect même pour des fonctionnaires placés, en face des despotes supérieurs, dans la même situation que le pauvre, l'humble et le faible, en face des despotes secondaires.

Après l'organisation d'une vaste défensive, créée par le plus intelligent pour la protection du moins lettré, vient ensuite la nécessité d'une vaste surveillance durant les quarante-huit heures du scrutin.

Les opérations électorales proprement dites, la composition du bureau, l'émargement sur les listes, la lecture des bulletins, la supputation des votes, depuis la plus modeste bourgade jusqu'à l'hôtel de la préfecture où se recense le scrutin général, tout cela exige aussi des surveillants.

Ah! sans doute, si nos franchises communales existaient encore, si les maires étaient élus par les communes ou forcément choisis parmi les conseillers municipaux; si le maire, arbitrairement nommé par le préfet, n'était pas en outre arbitrairement dirigé et surmené, toutes ces précautions ne se présenteraient à la pensée de personne. Mais quand l'administrateur force à outrance des ressorts déjà si tendus et si puissants, il ne doit pas s'étonner si la suspicion des administrés prend aussi des proportions inusitées. Qu'on parcoure au hasard quelque vérification de pouvoirs au Corps législatif et l'on verra quels bons tours se sont joués : tantôt, pour dérouter l'ennemi, on devance l'heure ou on raccourcit le jour du scrutin, tantôt on fait voter des morts ou des absents, quelquefois même on interprète paternellement l'esprit de la commune et l'on jette dans l'urne une poignée de votes de confiance.

Il faut ajouter enfin que les manœuvres électorales sont appréciées, dans la vérification des pouvoirs au Corps législatif, non au point de vue de leur gravité morale, mais seulement au point de vue de leur relation avec le chiffre définitif, et, si la fraude ne paraît pas avoir changé matériellement le résultat du scrutin, l'élection est validée. Une telle jurisprudence doit inévitablement encourager bien des hardiesses et, comme toutes les mains ne sont pas également maladroites, on peut imaginer, par les délits qu'on voit, combien d'autres passent inaperçus. Les électeurs doivent donc faire bonne garde et répondre à cette tolérance de la majorité par la vigilance des minorités.

Il en coûte d'appeler l'attention de ses concitoyens et d'arrêter sa propre pensée sur d'aussi tristes détails. Cela pourtant est indispensable. Comme l'homme lui-même, le suffrage universel est une intelligence servie par des organes, et ces organes sont souvent bien infirmes. Hâtons-nous néanmoins de franchir ce dédale de misères et revenons à ce qui devrait être, à la veille d'une élection générale, le principal objet de méditation des citoyens éclairés et libres, c'est-à-dire la préparation vraiment politique d'un grand verdict national.

LE BUT

I

« Faire reposer la destinée d'un peuple sur la tête d'un homme, c'est le plus grand de tous les crimes, » disait la patriotique voix de M. Berryer.

N'est-ce pas là tout le programme des élections prochaines ?

Obtenir constitutionnellement qu'à la responsabilité de l'empereur, qui nous tient suspendus entre une fiction et une révolution, on substitue la responsabilité ministérielle, qui permet le contrôle permanent et sérieux, sans secousse, sans violence, sans perturbation sociale ; donner cette mission à un Corps législatif indépendant, voilà toute la tâche des électeurs aujourd'hui. Mais la négligence ou l'accomplissement de cette tâche sera d'une incalculable portée pour notre avenir.

Les pouvoirs contrôlés et assujettis à des limites bien définies seront, dans l'état actuel de la civilisation, les seuls pouvoirs qui se transmettent et se perpétuent. Le pouvoir personnel, c'est-à-dire arbitraire, n'a presque jamais été et ne sera plus jamais qu'un pouvoir accidentel. Philippe II et ses successeurs ont plié sous le poids que portait vaillamment Charles-Quint; Louis XV a légué à l'infortuné Louis XVI, non le sceptre de Louis XIV, mais la Révolution française. Il est inutile de rappeler ce que laissa derrière lui Napoléon Ier. En outre, le despotisme infailliblement suivi du dépérissement des peuples ou d'une réaction désordonnée, ne peut, sans exciter toutes les alarmes, reposer sur une jeune tête ou sur une tête vieillie ; il lui faut, sous peine de terribles hasards, la plénitude de l'intelligence et de la vie.

La responsabilité du pouvoir, passant d'une condition imaginaire à l'état de réalité, le pays remis pacifiquement, régulièrement en possession de lui-même, voilà donc le but des élections prochaines.

Ce but, quelque simple qu'il soit, peut-il être poursuivi et atteint par une majorité de candidats officiels? Sont-ce les hommes liés d'avance par la reconnaissance ou par l'ambition qui pourront lier à leur tour un gouvernement dont ils auront reçu leur première investiture? Non, cette œuvre d'indépendance ne peut être menée à bonne fin que par des députés libres de tout engagement antérieur et franchement indépendants eux-mêmes.

Sous l'empire de la législation électorale qui nous régit, cette majorité ne peut être obtenue que par l'union sincère de toutes les opinions loyales, quelles qu'en soient les origines diverses.

On devrait croire que le modeste énoncé de ces vérités élémentaires ne rencontrera point de contradicteurs, sinon parmi les partisans, de plus en plus rares aujourd'hui, du gouvernement personnel. Il n'en est rien cependant, et beaucoup semblent craindre d'avoir des alliés encore plus que d'avoir des adversaires.

Sur quelles bases, à quelles conditions fonder des alliances électorales dans les circonscriptions qui ne renferment pas d'avance une population homogène, et celles-là sont nombreuses?

Il ne peut y avoir, en pareille matière, de réponses utiles que les réponses claires et aisément praticables. Je vais essayer de faire une de ces réponses-là.

Deux règles me sembleraient parfaitement saisissables et suffisantes pour répondre à toutes les hypothèses :

1° N'éliminer personne en vertu d'exclusion préalable et systématique ;

2° Examiner le candidat en lui-même ; ne faire porter l'examen que sur les véritables conditions de son indépendance et sur la sincérité de son respect pour la liberté d'autrui.

Ceux qui se préoccupent aujourd'hui des sympathies ou des antipathies au point de vue des partis politiques ; ceux qui, pour m'exprimer plus clairement encore, se proscrivent d'avance, à titre de monarchistes ou de républicains, me paraissent tourner le dos à la question et lâcher la proie pour l'ombre. Les partis politiques ne seront point appelés à faire discuter ou prévaloir dans le Corps législatif la pensée sur laquelle ils se divisent, et, si cette pensée devait triompher, ce serait en vertu d'événements étrangers à l'ordre légal, qui ne consulteraient ni le Corps législatif ni même le Sénat. Ce n'est donc point à titre de partis que nous avons à nous unir ou à nous combattre. Nous n'avons à nous concerter que sur des questions qui intéressent au même degré toutes les opinions et qui exigent, pour une heureuse solution, des discussions et des votes libres.

La question religieuse elle-même doit-elle faire exception à cette règle ? Je ne le pense pas.

Cette question a-t-elle impérieusement besoin d'un Corps législatif qui soit prêt à souscrire officiellement un symbole religieux ? Non.

Les questions religieuses aujourd'hui ont surtout besoin de la liberté. C'est la liberté religieuse que nous refusent tantôt le pouvoir, tantôt les passions révolutionnaires, et quiconque nous garantirait cette liberté rendrait à la religion le seul service qu'elle ait à demander.

Il y a des hommes qui ne professent pas pour leur compte la foi catholique, mais qui ne font point difficulté de respecter le catholicisme chez les autres, de respecter son culte, ses associations, son enseignement, en un mot sa liberté. Ceux-là sont les vrais libéraux, et tout catholique peut en sûreté leur tendre la main.

Il y en a d'autres, au contraire, qui non-seulement ne veulent pas être catholiques, mais qui ne veulent pas que nous le soyions, qui ne se contentent pas de nier le christianisme et ses bienfaits sociaux, mais qui veulent le proscrire niant du même coup Dieu, le spiritualisme, le christianisme et toute société. « Sans le dogme de l'égalité des âmes dans le ciel, nous ne serions jamais arrivés à proclamer le dogme de l'égalité des hommes sur la terre, » écrivait, il y a peu d'années, Mazzini[1]. Mais Mazzini est peut-être un rétrograde.

Les hommes qui font la guerre à Dieu ne peuvent faire grâce au pape, et ils ont découvert que la liberté ne saurait coexister dans le monde avec le pouvoir temporel des souverains pontifes. Une expérience éclatante a pourtant été faite en ce siècle même et, pour ainsi dire, sous nos yeux : Napoléon Ier a confisqué les domaines de l'Église, il a emprisonné les papes, et jamais les peuples, jamais les âmes ne furent plus complétement asservis. Napoléon a succombé sous les excès mêmes de son despotisme, le régime représentatif lui a succédé, les papes sont remontés sur leur trône, la liberté s'est emparée de la tribune, et les âmes ont respiré, non-seulement l'air

---

[1] *Revue britannique*, p. 590 ; octobre 1865.

pur de la vérité religieuse, mais l'air vivifiant de la liberté politique. Remontez le cours des âges, vous ne trouverez pas un autre enseignement. Sans les papes, que serait devenu le monde? Que seraient devenus l'homme, la pensée, la conscience en proie à l'ignorance, à la luxure, à l'orgueil? Prendre parti contre le christianisme aujourd'hui, c'est n'avoir point fait un pas depuis dix-huit siècles; c'est prendre parti pour le paganisme, pour la barbarie, contre la civilisation; c'est se placer à l'arrière-garde de Julien ou d'Attila. Nous n'avons donc pas lieu de porter dans ce camp nos suffrages, et on ne nous les demande pas. Là, on met au-dessus de tout la souveraineté du but; là, on poursuit de détestables chimères, au mépris de toutes les libertés et d'accord avec tous les despotismes; là, un juste et secret instinct avertit qu'on ne saisira jamais que par les instruments de la violence un règne que la libre discussion fera toujours évanouir.

Les vrais libéraux sont donc aussi aisés à reconnaître que les vrais indépendants, et la pierre de touche est dans les mains de tout le monde.

II

Si les alliances basées sur le principe de la liberté de tous, respectée par tous, étaient une proposition nouvelle, je m'étonnerais encore qu'elle pût scandaliser quelqu'un; car jamais les circonstances ne l'ont rendue plus opportune. Il faut bien que les initiatives qui naissent d'une inspiration désintéressée consentent à courir quelques risques généreux. Imprudence pour imprudence, c'est celle-là que je préférerais; mais il n'y a pas ici l'ombre d'une nouveauté ou d'une témérité. Nous avons beaucoup oublié depuis seize ans, si nous sommes surpris de ce qui formait, de 1840 à 1852, la langue courante de nos évêques, de leurs journaux et de nous-mêmes. « Le système représentatif a jeté dans l'occident de l'Europe de trop fortes racines pour qu'il soit possible de l'en arracher... Le peuple est devenu César, ou la meilleure partie de César. C'est un fait irrévocablement accompli, et ceux qui le réputent mauvais essayeraient vainement de remonter le courant des affaires humaines pour aller atterrir sur le rivage jadis illustré par l'omnipotence de Louis XIV. Ce qu'ils ont donc de mieux à faire, c'est d'accepter un principe assez fort pour régner sans eux et malgré eux. La raison le leur conseille et la religion le leur prescrit, parce que l'une et l'autre elles sont éminemment pratiques, et par conséquent prennent leur point de départ en dedans au lieu de le prendre en dehors des réalités de la vie. Mais la soumission qu'elles recommandent à tous ne saurait être ici purement passive. Comment pourraient-elles vouloir que ceux dont elles règlent les actes renoncent à leur part d'influence sociale, lorsqu'il dépend d'eux de la faire grande et de la rendre salutaire?... Tant que les Irlandais faisaient seulement des émeutes, le protestantisme anglais les foulait aux pieds ainsi que leurs prêtres, mais depuis qu'O'Connell leur a appris le chemin qui conduit à l'urne du scrutin, l'Angleterre compte avec eux...[1] »

« Quelques âmes timides, qui s'alarment de tout parce qu'elles ne sont jamais sûres d'elles-mêmes, et qui criaient au feu, il y a trois ou quatre ans, lorsqu'elles voyaient poindre l'aurore, peuvent seules s'inquiéter encore de l'issue des combats qui nous attendent et que nous recherchons; mais celles-là mêmes n'osent plus nier que les chances ne soient magnifiques. Deux sentiments puissants, impérieux, légitimes, qui veulent être satisfaits et qu'il faut satis-

---

[1] *Univers* du 29 avril 1846.

faire, après s'être livré, par l'iniquité des hommes, une lutte sécu-
laire et acharnée, s'aperçoivent que loin d'être inconciliables ils
sont nécessaires l'un à l'autre : la religion a besoin de la liberté, la
liberté a besoin de la religion, et elles jettent entre elles les bases
d'une loyale alliance. Voilà le grand fait de ce siècle. Nous disons
que ce fait est heureux, et il n'est pas un cœur droit, il n'est pas un
esprit élevé qui ne le salue avec des tressaillements d'espérance et
d'amour. Il sera le salut de la religion dans les pays libres, parce
qu'il lui garantira ou lui restituera tous les droits qui la font pros-
pérer ; il sera le gage de la liberté dans les pays religieux, parce
qu'il modifiera, parce qu'il assainira, si nous pouvons parler ainsi,
ce levain d'idées libérales qui sans cesse y fermente et qui rencontre
pour obstacle capital l'horreur des impiétés par lesquelles, jusqu'à
présent, il a signalé ses explosions...

« Rien de bon ne se peut faire, aucune plaie ne sera fermée,
aucune sécurité ne sera bien établie que par l'accord de la religion
et de la liberté. Il faut accepter enfin la transaction qui consacre
leurs droits réciproques et qui est depuis longtemps inscrite dans la
charte, meilleure et plus avancée en ce point que nos mœurs [1]. »

En 1846, comme aujourd'hui, des âmes timides inclinaient aussi,
dans l'intérêt de l'Église, vers la protection momentanément commode des gouvernements, et voici par quels arguments était repoussée la prétention des souverains et des hommes d'État à l'encontre
des droits les plus sacrés de la conscience humaine. « On emploie
la ruse au lieu d'employer la force ; ce ne sont plus les hommes
d'épée, mais les diplomates qui cernent Rome ; on ne frappe plus,
on intrigue ; on n'affiche plus le dessein de détruire l'Église, on la
presse, on lui ordonne de se laisser protéger. Les mots, les formes,

[1] *Univers* du 16 septembre 1846.

la tactique ont changé, le but est le même, et il est aisé de le découvrir dans la politique de tous les gouvernements ; absolus ou constitutionnels, ils ne diffèrent pas sur ce point : les manœuvres sont identiques comme les intérêts...

« Ils veulent protéger l'Église, parce qu'ils n'ont plus d'autre moyen de la dominer, de la contraindre à mettre son invincible influence au service de leurs intérêts égoïstes et passagers...

« Non, nous ne voulons point qu'on nous protége, il en coûte trop cher aux âmes et à la vérité. Nous voulons substituer à une existence de protection une existence de droit, constitutionnelle, indépendante, libre. Voilà le résultat auquel nous aspirons, nous et tous les catholiques du monde ; et, soit pour le réaliser, soit pour le maintenir, nous nous en tenons aux moyens légaux que nous offrent la Constitution et le levier si puissant de la publicité. Que la religion puisse parler : c'est la protection qu'il lui faut, et, quand la Charte la lui donne, nous ne voyons pas pourquoi elle la payerait aux gouvernements [1]. »

Après cette réponse péremptoire, l'on ne craignait point de s'adresser au clergé lui-même, et l'on disait : « Un prêtre ou un évêque asservi, c'est l'oiseau à qui on a coupé les ailes. L'autorité morale, qui donne un si grand essor à sa parole, lui a été enlevée, car il faudrait aux laïques une vertu plus qu'ordinaire pour reconnaître l'homme de Dieu dans celui qui s'est fait l'homme d'un autre homme.

« Que l'on s'imagine dans l'état actuel de la société nos évêques et nos prêtres venant, à la suite des préfets et des maires, proclamer que le devoir des fidèles est de voter pour les candidats du gouvernement, et l'on se fera sans trop de peine une idée assez exacte du

[1] *Univers* du 9 octobre 1846.

nombre de conversions que la parole de vie opérerait par leur bouche. Les églises, fussent-elles ornées avec dix fois plus de luxe, loin de se remplir, courraient risque de devenir désertes, tant le laïque tient à l'indépendance spirituelle de ses pasteurs. Or, de quelque manière que l'on colorât leur servitude, on n'empêcherait ni la presse de la constater, ni les consciences de s'en émouvoir. Ce serait le plus grand des triomphes pour l'incrédulité, le plus grand des désastres pour l'Église, désastre toutefois que suivrait une prompte vengeance, puisque son déclin serait moins rapide encore que l'avénement du communisme.

« Mais il faut avoir le sens catholique pour comprendre qu'humainement parlant l'Église n'a d'action possible sur les cœurs qu'autant que son indépendance est un fait incontesté. Elle en a besoin, non pour demeurer l'épouse immortelle de Jésus-Christ, mais pour attirer à elle le monde et le sauver. L'histoire témoigne qu'elle n'est féconde que lorsqu'elle est libre, et, pour en trouver la preuve, nous n'avons pas besoin de remonter très-haut. Avant 1830, elle n'était sans doute pas esclave, mais le public le croyait, et c'est seulement depuis qu'il a cessé de le croire qu'elle a retrouvé la force d'expansion dont s'étonnent ses ennemis et que bénissent ses fidèles enfants. Séparée du pouvoir, que de services n'a-t-elle point déjà rendus à la société et au pouvoir lui-même? S'il connaissait ses véritables intérêts, il étendrait indéfiniment la sphère de son action, en lui appliquant avec sincérité l'axiome favori des libres-échangistes, le *laissez faire* et le *laissez passer* des anciens économistes[1]. »

Après avoir ainsi professé l'alliance de la religion et de la liberté, après avoir ainsi repoussé une protection destructive du salut des

---

[1] *Univers* du 10 avril 1847.

âmes, après avoir conseillé la franche pratique du gouvernement représentatif, les catholiques étaient obligés d'aborder la question électorale, et ils l'abordaient avec non moins de netteté. Répondant à l'*Époque*, l'*Univers* disait : « La partie la plus curieuse de l'article auquel nous répondons est, sans contredit, celle qui est destinée à démontrer que les catholiques, ne pouvant compter sur les serments de personne, doivent préférer les menteurs du ministère à ceux de l'opposition...

« Ainsi, elle (*l'Époque*) commence à comprendre que les chefs de la gauche se sont exposés à plus d'un mécompte futur en oubliant qu'ils auraient tôt ou tard à rencontrer les catholiques sur le terrain de la justice électorale. Mais la faute qu'elle leur reproche, les conservateurs ne l'ont-ils point commise [1]?... »

Cependant on n'est pas toujours placé en face des candidats que l'*Univers* ne craignait pas d'appeler les « menteurs du ministère.» Les catholiques ont eu quelquefois un choix douloureux à faire entre un homme personnellement religieux, mais soupçonné de faiblesse, et un homme étranger à notre foi, mais ferme dans les principes de liberté. En 1846, on n'hésitait point dans une telle alternative, et voici comment on s'en expliquait. M. de Gasparin, protestant, posait sa candidature contre M. de Jouvencel, catholique et l'un des hommes les plus honorables de nos assemblées. *L'Univers* adoptait chaleureusement M. de Gasparin, parce qu'il s'était prononcé pour la liberté d'enseignement et la liberté religieuse, et il ajoutait : « M. de Gasparin l'a fait, dira-t-on, dans l'intérêt du protestantisme. — Non ; il l'a fait dans l'intérêt de la liberté. — Mais il croit que le protestantisme en profitera? — Sans doute, il le croit, et nous l'honorons de le croire. Est-ce que nous ne croyons pas que le

[1] *Univers* du 20 janvier 1846.

catholicisme en profitera aussi? Est-ce que nous estimons que la vérité doit abandonner le champ parce que l'erreur pourrait avoir envie d'y descendre? Non, certes, et tout au contraire. Nous disons qu'il est temps de soustraire les doctrines religieuses au joug du pouvoir qui, sous prétexte de les modérer, les exploite et les dégrade, exigeant de chacune d'elles qu'elle le serve d'abord, et ensuite, travaillant sans cesse à les réunir, c'est-à-dire à les perdre dans un vaste mélange d'apostasies qui lui abandonnera la direction de la conscience humaine. Si M. de Gasparin croit que le protestantisme, par la force de ses dogmes, par le dévouement de ses ministres, par l'éclat de ses œuvres, développées en liberté, s'attirera beaucoup d'adhérents, il est doué d'une foi que nous souhaitons à beaucoup de catholiques. Nous qui n'avons, grâce à Dieu! rien à désirer de ce côté-là, et qui croyons que l'Église, pour reconquérir toute sa splendeur, n'a besoin que d'être livrée à elle-même, nous ne demandons ni plus ni moins que ce que M. de Gasparin demande, et nous lui donnons les moyens d'obtenir pour nous ce que nous nous efforçons de conquérir aussi pour lui.

« Oui, M. de Gasparin est l'adversaire de notre culte, et puisse ce culte divin rencontrer beaucoup d'adversaires aussi loyaux et aussi énergiques! Leur loyauté l'aidera à se tirer du régime de la faveur et de l'esclavage pour passer au régime de la liberté ; leur énergie à le combattre nous contraindra de déployer sans cesse, pour le défendre, toute la force sacrée de la doctrine et des œuvres. Pensons-nous que nous pouvons être vaincus sur ce terrain, que la race des apôtres, des docteurs et des missionnaires est éteinte parmi nous? Alors nous ne sommes plus catholiques, et le meilleur député que nous puissions choisir n'est pas M. de Gasparin, ni M. de Jouvencel qui nous exposerait encore à la liberté d'enseignement; il nous faut quelque chose comme M. Robinet : celui-là ne nous exposera à aucune lutte, et par conséquent à aucun péril ; d'ailleurs il est catholique et même philanthrope. Voilà notre homme.

« On ne peut se délivrer de quelque amertume en voyant combien les idées les plus simples et les plus justes ont de peine à pénétrer même dans les esprits les plus éclairés. M. de Gasparin est certainement un des hommes de ce temps-ci qui ont le mieux mérité et le mieux obtenu l'estime publique... Et des catholiques lui préféreraient qui? Un homme qui n'a ni plus de probité ni plus de talent, mais qu'ils ont vu à la messe ! Eh ! messieurs, c'est entre deux messes que M. de Jouvencel vous abandonne ; c'est entre deux prêches que M. de Gasparin vous défend [1]. »

Mais M. de Gasparin était-il adopté ici en vertu d'une confiance exceptionnelle ou était-ce par une règle de conduite générale que *l'Univers* répudiait les hommes qui livrent l'Église entre deux messes? *L'Univers* de 1846, répondant au *Semeur*, journal protestant, repoussait ce doute comme une injure.

« Ah ! vous dites que c'est nous qui ne voulons pas de la liberté et du droit commun ! Et aussi vous ne dites pas que nous avons soutenu M. de Gasparin, protestant, à Paris ; M. de Malleville, protestant, à Montauban ; M. Teulon, protestant, à Nîmes, et ailleurs, M. Crémieux, israélite. C'est qu'en effet il eût été suffisamment prouvé par là que nous voulons la liberté, puisque la liberté est nécessaire à ces honorables candidats autant qu'à nous ; mais que nous ne voulons que cela, puisque ce n'est pas d'eux que nous solliciterions, sans doute, pour notre croyance, le privilége et la domination !

« Ah ! vous dites que vous, vous voulez réellement la liberté et le

[1] *Univers* du 25 juillet 1846.

droit commun, et vous êtes si fâchés de ce qui se passe ! Et vous
voyez avec dépit les catholiques, qui sont bien quelque chose en
France, arborer ce drapeau [1] ! »

Enfin, répondant à *la Démocratie pacifique*, *l'Univers* disait : « *La
Démocratie pacifique* constatait hier, avec une surprise feinte, que ,
tout en déplorant certaines paroles de M. d'Alton-Shée, nous avions
rendu justice à la pensée générale de son discours. Le langage que
nous avons tenu en cette circonstance est cependant conforme à notre
langage de tous les jours. Il est aussi, du reste, conforme à nos inté -
rêts. En effet, lequel sert mieux notre cause de M. d'Alton-Shée, qui
déclare n'être ni *catholique* ni *chrétien*, mais qui veut la liberté de
l'Église, ou de M. Hébert [2], qui se proclame excellent catholique et
dont toutes les paroles, tous les actes ont pour but de rendre nos
chaînes plus pesantes ? Nous avons approuvé les doctrines de liberté
chez M. d'Alton-Shée comme nous les approuvons partout, et notam-
ment dans *la Démocratie pacifique*, quand elles s'y trouvent. Le rédac-
teur en chef de la feuille phalanstérienne a déjà eu notre appui comme
candidat à la députation, et il l'aura encore dans toutes ses candidatures, qui menacent d'être nombreuses, s'il veut s'engager à défendre les libertés que nous revendiquons et que l'on nous doit. On
nous a accusés d'agir ainsi par tactique. Il nous semble que l'on devrait enfin reconnaître qu'une tactique qui ne se dément jamais res-
semble beaucoup à un principe [3]. »

A l'époque où *l'Univers* parlait ainsi, il était dans les mêmes mains
qu'aujourd'hui, il était, à cette date, l'organe avoué d'un grand nombre de catholiques et de la grande majorité du clergé français, l'or-

---

[1] *Univers* du 25 août 1846.

[2] M. Hébert était alors ministre de la justice et des cultes.

[3] *Univers* du 22 mai 1847.

gane du P. de Ravignan et du P. Lacordaire, de M. de Montalembert et de M. de Vatimesnil, de M. de Salinis et de M. l'évêque de Langres.

Les catholiques ont-ils été déçus dans leur attente, trahis par leur espoir, en adoptant une telle ligne de conduite? Non, les catholiques ont été, de 1840 à 1852, grandissant toujours en autorité politique : ils étaient au premier rang dans la chambre des pairs et dans la chambre des députés ; enfin, lorsque la France entra dans la périlleuse épreuve du suffrage universel direct, ils devinrent, par acclamation populaire, l'un des principaux éléments du parti conservateur libéral.

En serait-il de même aujourd'hui? Je laisse tout esprit droit s'interroger et se répondre, car on se répond souvent à soi-même avec plus de sincérité qu'on ne répondrait à son contradicteur.

III

Nous n'avons donc, à mon sens, qu'une chose à faire dans les élections prochaines : demander aux candidats qui s'offriront à nos suffrages la véritable intelligence et le véritable respect de la liberté.

Mais, pour exiger ces nobles sentiments chez autrui, il faut les porter en soi-même. Est-ce là une difficulté? Je m'en étonnerais et je m'en affligerais.

Autant on comprend les dissidences et les alarmes passionnées en 1814, autant elles me paraîtraient inexplicables en 1869. Dans l'intervalle qui sépare ces deux dates, intervalle si fécond en leçons et en événements, l'épreuve et la contre-épreuve ont été faites. La génération antérieure à 1814 avait connu l'autorité sous une seule forme, l'empire ; elle ne connaissait la liberté que sous un aspect, une magnifique promesse, celle de 89, immédiatement suivie des plus odieux et des plus sanglants démentis. Depuis 1814, l'autorité et la liberté se sont vues à l'œuvre sur un terrain commun, celui du régime représentatif. Elles ont continué, pour leur perte commune, à se combattre dans le domaine des souvenirs et de l'imagination. Mais chaque fois qu'elles se sont unies dans l'action, elles ont fait faire un pas à l'ordre dans les finances, au progrès dans nos lois et à la prospérité générale du pays.

De ces épreuves diverses, la dernière, celle du second empire, me paraît la plus décisive.

Le second empire, en effet, s'est annoncé sous des auspices qui ont séduit beaucoup de gens; il promettait la paix à l'extérieur et la sécurité à l'intérieur. Beaucoup ont dit : — Les hommes qui avaient contracté l'habitude de faire des discours peuvent être mécontents de ce régime du silence; mais nous, qui nous bornions à les entendre, nous ne sommes pas tenus au même regret. Qu'on nous rende l'économie dans la gestion des deniers publics, qu'on reste fidèle aux sentiments conservateurs, qu'on assainisse, en un mot, et qu'on raffermisse la société, nous applaudirons.

Cet idéal a duré quinze ans. Qu'a-t-il produit? A l'extérieur, après Sébastopol et Solferino, Castelfidardo, Queretaro, Sadowa! A l'intérieur, après une courte phase d'apaisement, le déchaînement des journaux officieux et officiels contre le parti qu'ils accommodent à leur guise sous le nom de clérical, la mise en suspicion ou en interdit des œuvres de charité, la menace suspendue sur les institutions religieuses, la convention du 15 septembre suivie des conséquences que tout le monde avait prévues, la profusion et le désordre dans les finances, une loi militaire qui met le comble aux inquiétudes de l'agriculture.

Qu'aurait fait de pire ce parti libéral tant redouté?

Peut-être aurait-il, comme le gouvernement impérial, laissé les Piémontais spolier le pape après avoir écrasé sa petite armée ; mais peut-être aussi aurait-il déjà rétabli Pie IX dans les vraies conditions de son indépendance souveraine, comme la république l'a fait en 1849; peut-être aurait-il professé les méfiances et les préjugés anticléricaux, mais son principe l'eût obligé à écouter la réplique et à subir la discussion. Or, c'est précisément par cette interdiction de la défense que les quinze années du second empire ont laissé s'accomplir tant de mal. On a continué à saper les principes sociaux, comme si la liberté eût été illimitée, et l'on a paralysé la défense, comme si le gouvernement absolu eût voulu se rendre lui-même le complice de toutes les destructions. Le bâillon n'a porté que fort inégalement sur toutes les bouches. Nous ne nous plaignons pas de la liberté laissée à nos adversaires, mais nous nous plaignons d'en avoir été privés, et je le constate pour demander aux hommes qui se croient conservateurs, du moment où ils se déclarent anti-libéraux, ce qu'ils ont gagné à ce jeu-là? Nous avons sauvé bien peu de chose, et ce peu nous ne l'avons momentanément sauvé qu'à l'aide des tronçons de liberté restés entre nos mains.

Les mêmes conservateurs s'écrient volontiers : — N'ayons qu'un sentiment et qu'une boussole; point d'alliance avec la revolution ! — Mais où est la révolution, et plutôt où n'est-elle pas? La révolution est-elle parmi les libéraux qui font entrer les libertés religieuses dans le programme des libertés nécessaires, ou la révolution est-elle dans le pouvoir qui fait entrer la suppression de tant de garanties qui nous sont chères dans la suppression à peu près universelle de toutes les garanties politiques? La liberté que l'on nomme un mal n'aurait-elle pas, au contraire, été un remède ? Et la France, cette nation si fière, si vaillante, si sagace, doit-elle vivre toujours effarée entre deux spectres, le spectre rouge faisant tourner la tête aux conservateurs, le spectre noir faisant perdre le sens aux démocrates ?

Nous avons reçu une plus large part de liberté depuis deux ans : voyez quels fruits elle a déjà portés.

Dans l'ordre politique, elle a réveillé l'esprit de contrôle ; dans l'ordre moral, elle a fait entendre les avertissements les plus salutaires.

Que ne devons-nous pas, par exemple, aux quelques réunions populaires du Vauxhall, du Vieux-Chêne et de Belleville ? Le gouvernement les a autorisées, peut-être même les a-t-il surexcitées, dans l'espoir de créer un obstacle sérieux à la réélection des députés de Paris. Mais il n'a pu poursuivre ce but sans en atteindre un autre qu'assurément il ne cherchait pas. Il a révélé tout ce que quinze ans de régime discrétionnaire avaient fait pour la bonne éducation et la pacification des classes laborieuses ; il a révélé tout ce que quinze ans d'arbitraire ténébreux avaient laissé germer dans les cœurs de ressentiments aveugles et d'utopies déraisonnables. Assurément, la liberté n'aurait pas contenté tout le monde, mais elle aurait du moins permis à la vérité de se placer en face de l'erreur ; elle aurait dissipé bien des préjugés et bien des colères. En ramenant les esprits cultivés vers des études qui ne sont jamais négligées sans péril, en faisant entendre à ces classes ouvrières, naturellement intelligentes et généreuses, des paroles d'affection sincère, elle aurait opéré en grand le bien qu'a déjà su faire dans ces courtes réunions le ferme langage de quelques jeunes hommes d'esprit et de courage.

Il ressort donc, en caractères évidents, de l'histoire de nos libertés et de l'histoire de nos servitudes, que l'ordre a été plus compromis par le silence que par la discussion, et que l'on confond bien injustement dans le même anathème la révolution et la liberté. Il y a cent fois plus d'antagonisme entre la liberté et la révolution qu'entre la liberté et l'autorité. Il y a, au contraire, affinité intime entre la révolution et le despotisme. La révolution n'a marché en France et en Europe, depuis quatre-vingts ans, que par les maximes et avec les instruments du despotisme. La révolution française, sans Napoléon Ier, n'eût pas eu la puissance de dévaster l'Europe pour introniser partout l'arbitraire, et ce n'est pas la liberté qui a fait Napoléon Ier, c'est le 18 brumaire. La révolution italienne n'eût pas eu la puissance de dépouiller Pie IX et de détrôner les souverains de l'Italie, sans Victor-Emmanuel, prince absolu, dictateur révolutionnaire sous forme constitutionnelle, et Victor-Emmanuel eût été impuissant lui-même sans le secours d'une armée et d'une diplomatie étrangères. Il est très-aisé de dire : Nous ne voulons pas de la révolution. Mais il est mal aisé de préciser où elle commence et où elle finit. La liberté seule peut, avec le secours du temps, débrouiller ce chaos. Avec la liberté, j'en conviens, on est souvent contredit, souvent contrarié, quelquefois vaincu. Mais, du moins, on garde le droit d'en appeler, par toutes les résistances légales, à l'avenir plus juste ou à la nation mieux informée; minorité, on garde le droit de devenir majorité. Le despotisme, qui n'admet ni la remontrance, ni la plainte, ne songe jamais à rien réparer. La liberté, qui s'emporte et s'égare quelquefois, laisse subsister du moins la protestation et l'espérance du vaincu. O' Connel a pu faire entrer l'Irlande dans le parlement anglais ; M. Gladstone porte le dernier coup aux usurpations de l'Église établie; le prince Czartoriski n'a pas même pu mourir sur le sol de la Pologne !

Il faut ajouter que le despotisme de nos jours, avec la centralisation perfectionnée, est cent fois plus tyrannique que le despotisme ancien,

avec son cortége de traditions, de corporations, d'immunités muni-
cipales, de magistrature héréditaire. Le despotisme était plus ou
moins dans la constitution ; la résistance était dans les mœurs, dans
les coutumes et dans une multitude de chartes partielles. Aujour-
d'hui, quand le despotisme est dans la loi, il est tout-puissant, parce
que les traditions et les indépendances locales ont cessé d'exister.
Repousser aujourd'hui le régime représentatif, ce n'est pas retour-
ner au despotisme limité des derniers siècles monarchiques, c'est se
livrer à un despotisme sans milieu intermédiaire, sans frein, sans
contre-poids. Désormais il n'y a plus de choix en France qu'entre le
régime constitutionnel et le régime turc.

Ceux qui se font illusion sur cet inévitable caractère du despotisme au dix-neuvième siècle, semblent croire aussi qu'avant les
malheurs dont nous avons souffert, le monde n'avait connu que de
paisibles destinées, qu'il est entré brusquement de l'âge d'or dans
l'âge de fer, et que la société moderne porte à juste titre le châti-
ment de désordres ignorés avant elle. On disait un jour à quelqu'un
qui témoignait une épouvante exagérée à l'invasion du choléra :
— Ne dirait-on pas, à vous entendre, que c'est le choléra qui a inventé la mort ?

J'oserai dire, à mon tour : — Prenez garde ; on croirait, à vous
entendre, que ce sont les libertés modernes qui ont inventé les grandes secousses et les grands désastres révolutionnaires. — Hélas !
l'histoire n'est qu'un long démenti à cette accusation.

Sans doute, le cri général en 1851 était : La Jacquerie ! la Jacquerie ! Mais où avait-on été prendre cette clameur alarmée qui
a fait l'Empire ? On l'avait empruntée au quatorzième siècle, à une
explosion communiste éclatant en plein règne de la féodalité. Sans
doute, les expéditions et les manifestes de Garibaldi sont de vilaines

pages de l'histoire contemporaine. Mais le long exil des papes à Avignon, qui ne lassa point la fidélité des Romains, mais l'assaut de Rome en 1527, les libertés modernes en sont-elles responsables? M. Renan et M. Vacherot sont de bien petits ouvriers à côté des grands hérésiarques du quatrième et du neuvième siècle. Et ce profond déchirement de la chrétienté, le protestantisme, est-il né du forum et de la tribune? La Révolution française elle-même n'est-elle pas l'œuvre d'une génération élevée presque tout entière par des maîtres monarchiques et religieux? On s'étonne souvent de cet étrange phénomène de paternité. Ah! c'est que rien ne prévaut contre un grand malaise social. Élevez la jeunesse sous la règle la plus austère, puis lancez-la dans un milieu plein d'abus et de conflits; alors les scandales de la société effaceront les leçons et les vertus du collége, et vous aurez encore les contrastes et les catastrophes du dix-huitième siècle. Faites de la bonne dévotion et de la mauvaise politique, vous pouvez être certains que c'est la dévotion qui payera les frais de cette campagne. Les libertés politiques sont nécessaires aux libertés religieuses, les unes et les autres se prêtent un mutuel appui; la religion, ennemie de la liberté, attire sur elle les coups de quiconque croit avoir à se plaindre de l'ordre social, la liberté matérialiste et athée précipite le monde dans un inextricable chaos. Christianisme et liberté sont les seules sauvegardes de l'avenir.

Ah! que n'eût pas été le sort de la France, de la religion, de la dignité humaine, quelle n'eût pas été la splendeur de la civilisation européenne si, durant tout le cours du dix-huitième siècle, nos devanciers avaient pris en main les grandes causes qui ont fait la force et la renommée des philosophes. Ah! si c'était de notre côté que fussent parties les premières et les plus ardentes réclamations pour les réformes opportunes; si les parlements avaient pressé d'eux-mêmes l'abolition de la torture et la promulgation d'un code rajeuni ; si les trois ordres avaient sollicité en commun l'assujettissement de leurs biens à l'impôt et la convocation régulière des états généraux; si tous ceux enfin qui avaient crédit dans l'État avaient fixé leurs regards sur l'avenir autant que sur le passé, vous n'auriez pas été proscrits, preux gentilshommes français; vous n'auriez pas succombé, vous, antique royauté si intimement et si magnifiquement unie à la France; vous n'auriez pas vu répudier vos bienfaits et saccager vos sanctuaires, vous, docte et charitable Église catholique ! Oui, ce sont de déplorables passions qui voudraient élever aujourd'hui une statue à Voltaire, mais ce sont nos fautes qui ont dressé le piédestal. Ayons le courage de l'avouer, durant presque tout le cours du dix-huitième siècle, les destinées de l'Europe étaient peut-être entre nos mains ; peut-être a-t-il dépendu de nous que ce dix-huitième siècle ne finît pas dans une sanglante orgie son rêve de philanthropique régénération, nous léguant à nous-mêmes cet héritage d'impuissances et de haines qui nous énervent et nous déciment encore !

Parler ainsi, est-ce condamner nos pères? Non, non. Ils ont entrevu et tenté le salut de la France, les cahiers de 89 l'attestent; mais ils ont vu et voulu trop tard. Aurions-nous été plus prévoyants et plus sages à leur place? Qui oserait l'affirmer? Qui oserait se vanter d'avoir montré plus de désintéressement qu'ils n'en apportèrent dans la nuit du 4 août, plus de courage qu'ils n'en déployèrent contre la persécution? Ils luttaient avec l'inconnu, tandis que nous, enfants du dix-neuvième siècle, nous sommes aux prises avec le connu. Jamais expérience n'a été plus complète que la nôtre. Si nos devanciers ont hésité devant des problèmes formidables; s'ils se sont laissé gagner de vitesse sur le terrain des réformes équitables, n'hésitons pas à notre tour devant les mêmes problèmes depuis longtemps résolus. Nous qui n'avons pas de priviléges à défendre, nous qui ne réclamons que le droit commun, ne nous laissons pas devancer sur le terrain de la liberté et de ses applications légitimes.

Depuis seize ans, on nous a beaucoup parlé des périls et des abus du gouvernement parlementaire. Chaque jour, au contraire, les événements ont démontré que le salut est dans la libre discussion de tous les intérêts et dans la franche pratique des institutions re-présentatives. Pour mon compte, je ne garde à ce sujet ni une hési-tation ni un doute, et je ne dois point paraître un témoin suspect. Je vis, j'ai vieilli dans la retraite; j'ai subi le double calme de la soli-tude et des années; je me crois, je me sens affranchi de l'ardeur des anciennes luttes; je ne m'entretiens plus que des sentiments et des idées avec lesquels et pour lesquels je voudrais mourir; je n'ambi-tionne que la grandeur de mon pays, et je ne l'aperçois que dans l'intime accord de tous les honnêtes gens sous les auspices de la liberté. Nous avons déposé les armes de la guerre civile; n'en gardons pas les passions et les ressentiments. De tout temps, deux forces se sont disputé la direction des sociétés, l'une voulant les en-traîner dans des voies toujours nouvelles, l'autre s'épuisant à les retenir dans une perpétuelle immobilité. C'est à unir ces deux puis-sances dans de justes rapports, c'est à enlever aux chercheurs de po-pularité et de fortune le monopole des vérités utiles, qu'il faut con-vier désormais toutes les forces vives et saines de la nation. Montons hardiment sur la locomotive; d'une main, dispensons largement la vapeur, de l'autre appuyons sur les freins pour régler la marche et conduire sûrement le train à bonne destination.

PARIS. — IMP. SIMON RAÇON ET COMP., RUE D'ERFURTH, 1.